O V (DE LA TOUR-D'AIGUES).

NI RELIGION, NI DIEU

OU

L'ATHÉISME JUSTIFIÉ

PAR LA

PHILOSOPHIE ET LA SCIENCE

L'honneur d'un honnête homme, à quelque
opinion qu'il appartienne, est de se rendre
loyalement à l'évidence d'une opinion
contraire.

Prix : 2 Francs.

AIX

IMPRIMERIE PUST FILS, RUE GRAND-BOULEVARD, 5
1880.

OLLIVIER (DE LA TOUR-D'AIGUES).

NI RELIGION, NI DIEU

OU

L'ATHÉISME JUSTIFIÉ

PAR LA

PHILOSOPHIE ET LA SCIENCE

L'honneur d'un honnête homme, à quelque
opinion qu'il appartienne, est de se rendre
loyalement à l'évidence d'une opinion
contraire.

AIX

IMPRIMERIE PUST FILS, RUE GRAND BOULEVARD, 5
1880.

A Madame Ackerman

A Monsieur Alfred Naquet

Respectueux Hommages de l'Auteur

Ollivier (de la Tour-d'Aigues),

ERRATA.

—

Page 10, ligne 12, au lieu de « aura plus » lisez « aura été plus. »

 » 30, » 1, au lieu de « il résulte » lisez « il en résulte. »

 » 30, » 14, au lieu de « obtiennent » lisez « obtient. »

 » 44, » 10, au lieu de « apparu » lisez « annoncé. »

 » 47, » 2, au lieu de « qu'ils puissent » lisez « qu'il puisse. »

 » 67, » 36, au lieu de « note 5 » lisez « note 7. »

 » 97, » dernier renvoi, au lieu de « primitif » lisez « naturel. »

 » 118, » 31, au lieu de « sont » lisez « son. »

Même page, ligne 34, au lieu de « son » lisez « sont. »

AVANT-PROPOS

Je montrai un jour mon manuscrit à un de mes amis dont la compétence et les travaux en philosophie ont aujourd'hui une certaine renommée, et je lui demandai ce qu'il pensait du résultat qu'il pourrait obtenir ; il me répondit : Votre livre sera saisi et probablement vous serez poursuivi vous-même. Mais il me semble, lui dis-je, que je dis la vérité et il me semble impossible qu'on puisse soutenir sérieusement une opinion contraire.

— Ce sera précisément ce qui le fera saisir.

— Mais, répondis-je, la religion est vraie ou fausse ; si elle est dans le vrai, mon livre n'est évidemment qu'un tissu de sottises et d'absurdités, puisqu'il conclut constamment à l'erreur de la religion à et la négation de la Divinité; dans ce cas, n'ayant aucunes raisons sérieuses, il ne pourra faire aucun mal à la religion, on préfèrera le laisser dans l'inattention publique, que de lui donner de l'importance en le poursuivant ; si, par contre, mon livre est dans le vrai, quelle raison pourra-t-on donner pour l'interdire ?

— La raison, dit-il, est toute simple. La religion est brevetée et garantie du gouvernement par le fait qu'il la fait respecter et qu'il la paye ; démontrer clairement que la religion est une folie absurde, c'est faire du gouvernement le jouet d'une absurdité folle ; il ne pourra jamais vous tolérer, ce serait se condamner lui-même.

— Pourtant, dis-je, par la même raison l'on ne niera pas que si l'on s'obstine à me poursuivre, on aura reconnu du sérieux et du dangereux dans mes raisonnements ; si la religion ou le gouvernement se sentent atteints, c'est prouvé que j'aurai frappé juste, donc, si j'ai bien parlé, je dois avoir bon droit.

— Mais, mon cher, reprit-il, le gouvernement croit à la religion, ou du moins à son utilité, sans quoi il ne la soutiendrait pas, et la justice, qui émane du gouvernement et qui n'est pas toujours indépendante, est aussi religieuse, puisqu'elle fait lever la main devant un morceau de plâtre qui, dit-on, représente la personne de Jésus-Christ, en nous disant de prêter serment devant Dieu ; donc la justice croit à la divinité de Jésus, et cette conviction fait que les juges vous donneront forcément tort là où, dans votre vue intellectuelle, vous avez franchement raison.

— Dans ce cas, m'écriai-je, c'est la question du libre-arbitre qui est en jeu ; eux n'auront pas tort de me poursuivre si leurs idées ne sont pas de nature à leur faire voir que j'ai raison, mais moi je n'aurai pas tort, non plus, d'avoir des idées que n'ont pas mes juges. La justice religieuse ne peut me condamner qu'en reconnaissant la toute-puissance de Dieu, en acceptant qu'il est le directeur de tout, enfin, en approuvant le contraire de mon opinion. Alors, si Dieu est tout-puissant, c'est lui qui veut que j'écrive mon livre, qui me fournit les pensées que j'exprime; tout ce que je fais, tout ce que je dis n'est que par sa permission; dire que mon livre est condamnable, c'est condamner la toute-puissance, c'est établir une contradiction avec soi-même, c'est renier sa propre croyance. Ayant sensément tort, d'après leur opinion, en vertu de cette même opinion, mon innocence est incontestable ; il faut, dans leur conviction, que nous ayons tous raison, tous tort, ou qu'eux seuls aient tort, d'où il ressort qu'on ne peut absolument prononcer ma condamnation qu'en établissant formellement mon innocence ; d'une telle situation je n'ai rien à redouter.

— Mon cher ! s'exclama mon ami, ne vous avisez jamais de vous servir d'une telle défense, si vous ne tenez pas à être un pensionnaire de Charenton, ou de toute autre maison de fous. Quoique ce raisonnement soit de la plus incontestable logique, vous ne le ferez jamais accepter de fait par ceux-même qui l'expriment le plus fermement de bouche; ils savent bien que Dieu est incompatible avec le libre-arbitre, avec tous les maux de la nature humaine ; ils comprennent bien qu'il y a dans la religion des absurdités monstrueuses, mais ils ont la force et, je ne sais ni comment, ni pourquoi, le fait est que les prêtres enseignent, les églises s'enrichissent et les gouvernements les soutiennent.

Nous en étions là quand un invité rentra et fit cesser notre conversation ; nous nous quittâmes, lui persistant qu'on ne me tolèrerait pas, moi affirmant qu'on ne pouvait pas légalement me poursuivre.

Les événements décideront.

OLLIVIER (DE LA TOUR-D'AIGUES)

CHAPITRE Iᵉʳ.

Des religions en général.

Depuis un temps infini, c'est-à-dire depuis qu'il existe des hommes, il y a eu des individus plus curieux les uns que les autres,(l'ambition et la curiosité datent de l'origine de l'homme), les uns veulent savoir comment ils vivent, les autres comment ils ont pu exister; chacun a voulu interroger ainsi, sur tout ce qui nous touche ou nous environne, cet immense Univers qui semble railler ironiquement cette foule de curieux et de questionneurs par un impitoyable silence. On peut dire qu'il ne nous a pas dévoilé, mais qu'on lui a arraché le peu que nous savons. Des philosophes prétendent qu'il eût mieux valu ne rien demander à cet Univers silencieux, parce que, disent-ils, les hommes auraient été plus heureux et plus sages si l'ambition, source de tous les maux, ne les avait pas dominés.

J'avoue que la curiosité comme l'ambition sont deux passions qui ont bien souvent des funestes conséquences, mais il faut reconnaître aussi qu'elles ont des résultats heureux. On peut, sans être imprudent, affirmer que l'ambition et la curiosité sont la source de tout progrès et de toute science ; or, il me semble impossible que le progrès ne soit pas plus utile à l'homme que nuisible. Si nous couchons sur des matelas, nous trouvons que la science est ici plus utile au toucher que nuisible ; il en est de même de l'agriculture pour le goût et l'odorat, de la littérature pour la pensée, de l'art dramatique pour la vue et l'ouïe, etc., etc. Donc, si le progrès est utile à tous les sens, il s'ensuit que nous avons plus à nous en féliciter qu'à nous en plaindre.

Chez divers peuples, c'est-à-dire sur diverses contrées du globe que nous habitons, ces sciences se développèrent plus rapidement que chez d'autres. Il y a des géologues qui attribuent cette différence du développement à l'influence naturelle du sol.

Il est plus que probable que, par sa situation stratégique, le terrain, en offrant plus ou moins de commodité au séjournement, ait plus ou moins favorisé le groupement des êtres, mais, la cause directe du progrès dans l'intelligence animale est incontestablement dans les propriétés chimiques de l'atmosphère, propriétés qui se seront plus ou moins modifiées selon que le groupement des animaux et des végétaux aura plus ou moins grand.

Mais, au milieu de ces innombrables questionneurs se vouant à la recherche d'une infinité de questions, il en est une qui s'est imposée en même temps à l'esprit de tous les peuples, de tous les pays :

Qui peut avoir placé là haut tous ces petits points lumineux.

Telle a été, ou à peu-près, la question que se sont faite tous les êtres humains en levant les yeux, par une nuit claire, vers toutes ces brillantes étoiles qui font l'effet d'une infinité de lampions suspendus à cette voute immense que nous appelons vulgairement le ciel.

On comprend facilement qu'un spectacle pareil ait, dès l'origine des premiers hommes, donné lieu à de bizarres croyances. Les uns, voyant un de ces points lumineux extraordinairement plus grand que les autres, prétendirent, avec assez de raison, que les autres n'étaient que des débris épars du plus gros, et que, par conséquent, celui-ci était le père de tous. D'autres, ayant eu, je ne sais comment, le moyen de faire du feu, s'imaginèrent en voyant la flamme s'élever en l'air, que le feu était le père de tous les astres ; c'était assez logique.

Des esprits moins intelligents accordèrent cette paternité à des objets qui, par l'éclat ou la grandeur dont ils étaient doués, frappaient plus particulièrement leur vue. Or, comme il était très naturel que l'on eût une espèce d'admiration pour ce qu'on croyait être cause de l'existence de ces merveilles, il arriva que des peuples rendirent une sorte d'adoration, par certains cris, signes, ou mouvements qu'ils exprimèrent à l'objet qui captivait leur croyance ; adoration que l'on a désignée depuis sous le nom de Culte ou Religion.

Ce Culte fut rendu tour à tour au soleil, au feu, à l'or, aux montagnes, à la mer, etc., etc., c'est-à-dire à tout ce qui surprenait le plus l'imagination de l'homme.

Plus tard on en fit autant à des hommes qui, par leur bravoure ou leurs talents, avaient rendu des services à leurs concitoyens ; ce n'était pas le plus injuste. C'est ainsi que nous avons eu les fables merveilleuses de ces héros que nous appelons les Dieux et demi-Dieux de l'antiquité.

On a pu faire aussi des recherches dans le genre du raisonnement que nous faisait au catéchisme le curé de mon pays qui, pour nous prouver qu'il y avait un Dieu, nous disait : Qui a fait cet œuf ? Nous répondions : Une poule. Qui a fait cette poule ? Un œuf. Et ainsi de suite ; il fallait, disait-il, que quelqu'un eût fait ou la première poule, ou le premier œuf. Ce quelqu'un c'était Dieu.

Comme toute chose entraîne les mêmes demandes et réponses que l'œuf et la poule, les peuples de la plupart des pays du globe crurent que tout ce qui existe ne pouvait avoir été créé que par un premier pouvoir, et que ce premier pouvoir était de toute éternité. Donc l'idée d'un Dieu éternel se trouvait naturellement imposée à l'esprit de tous, non par l'évidence qu'elle présentait, mais par l'ignorance scientifique qui ne leur permettait pas de pouvoir émettre une opinion différente.

Il est cependant bizarre que tous les peuples aient eu la même idée pour attribuer l'existence des hommes à un seul premier homme, lequel était issu du pouvoir éternel. Malgré les difficultés des communications qui existaient entre les peuples, à l'époque des premières opinions à ce sujet, il est plus que probable que la plupart des ces opinions sont dues à l'opinion primitive, et que les différents cultes ne sont que des copies d'un culte primitif ; il n'en est pas moins vrai que l'opinion d'un seul premier homme a été crue universellement.

Les Chinois nomment leur premier homme *Pan-Kou* ; ils lui donnent une origine de 96 millions d'années. Ce peuple remonte d'une manière authentique à la plus ancienne date qui soit connue ; son cycle historique commence 2,000 ans avant notre ère et continue sans interruption.

Les Indiens ont imaginé un pouvoir invisible nommé *Brahm*, créateur d'un Dieu visible nommé *Brahma*, lequel, par ordre du Dieu invisible, se met à la création de l'univers ; il fait le premier homme appelé *Menou* et lui donne pour femme *Sataroupa*. Ils font remonter la création de Menou à l'an 3.982,298 avant Jésus-Christ.

Les Japonais appellent le premier homme *Tensio-Taï-Tsin*. Ils le font régner 250,000 ans et placent sa création à l'an 2,360,000 avant notre ère.

Les Chaldéens le nomment *Aloros* et le font dater de l'an 480,000.

Les Persans ont inventé à ce sujet la fable la plus ingénieuse : ils établissent deux premiers Dieux ; l'un, appelé *Ormuzd*, est le principe du bien ; l'autre, appelé *Ahrimane* est le principe du mal.

Ormuzd pense à créer le monde et à le remplir de tous les biens possibles ; il se donne, pour l'aider à ce travail, des princes qui commandent à des légions d'anges gardiens destinés à empêcher Ahrimane, principe du mal, de s'approcher de l'homme ; mais Ahrimane a, lui aussi, des mauvais anges destinés à tenter l'homme pour le faire tomber dans le mal ; une lutte acharnée s'engage alors entre les anges de l'un et ceux de l'autre ; cette lutte doit durer 144.000 ans et se divise en 4 fractions de 36,000 ans chaque.

A la première période Ormuzd règne seul ; dans la seconde Ahrimane fait sentir sa fatale influence ; à la troisième, qui est celle dans laquelle nous vivons, le bien et le mal luttent d'égale force et ce n'est que la dernière période qui verra la chute d'Ahrimane et le bien régner seul.

Voilà une Mythologie qui résume assez bien l'état où doit s'être trouvé l'homme dans les temps primitifs, celui dans lequel il se trouve actuellement et celui dans lequel très probablement il se trouvera dans les temps à venir. Si j'avais à adopter une croyance quelconque, en fait de religion, ce serait la Mythologie persanne que je choisirais comme culte de prédilection.

Il y a encore les Phéniciens et les Polynésiens qui font partir leur premier homme, les premiers 30.000, les seconds 27,000 ans avant Jésus-Christ ; viennent ensuite les Hébreux.

Selon les Hébreux, le premier homme est appelé *Adam* et date de 4,000 ans avant Jésus-Christ. Leur tradition rapporte que leur Dieu, tout-puissant et éternel, construisit du côté de l'Orient un superbe jardin, qu'il planta de toutes sortes d'arbres et de plantes garnies de fruits et y mit le premier homme, qu'il fit avec de l'argile ; ils ajoutent que, pendant qu'Adam dormait, Dieu lui tira une de ses côtes et forma la première femme, qu'ils appellent *Ève*.

C'est cette dernière légende qui a été adoptée et qu'on croit encore le plus généralement, pour ce qui concerne l'origine de l'homme et l'auteur de notre existence.

La manière de créer les mondes semble nécessiter une telle puissance miraculeuse, que tous les peuples l'ont expliquée par des fables toutes de plus en plus extravagantes ; il est en effet évident que, ne connaissant aucune science physique, géologique, chimique, astronomique, etc., les auteurs des premières Mythologies ne pouvaient supposer que des faits fantastiques, tout ce que leur imagination leur faisait concevoir de plus étrange, pour commencer la création de toutes les merveilles terrestres et célestes.

Ainsi, les Indiens disent que, par un mouvement que leur Dieu invisible imprima aux eaux, il se produisit un œuf d'or dans lequel naquit Brahma qui demeura longtemps immobile ; à la fin une voix lui conseille d'implorer *Brah* ou *Bhagavan*. Brahma se met en prière ; alors le Dieu invisible lui apparait sous forme d'un homme à mille têtes. Brahma chante la gloire de son Dieu, qui le récompense en chassant les ténèbres et en lui montrant les mondes gisants en germe et comme endormis. Après avoir contemplé pendant 36,000 ans ce panorama, Brahma se met à créer.

De même chez les Hébreux, où Dieu, soufflant sur son homme d'argile, fait naitre Adam, puis d'une côte de celui-ci, il fait la première femme ; ensuite, sans qu'on sache ni pourquoi, ni comment, il se trouve de bons et de mauvais anges dans lesquels il en est un qui trompe la femme et qui cause ainsi tous les malheurs de l'humanité future. C'est une copie mal arrangée de la fable des Persans.

Telle est, ou telle peut être à peu-près, l'origine de tous les cultes, de toutes les religions. La science a depuis longtemps déjà regardé toutes ses inventions comme de pures histoires ; elle les a reléguées toutes au rang de celles des *Mille et une Nuits* et elle n'a apporté une croyance que sur les faits qui lui ont été fournis par l'expérience et l'observation ; bien des renseignements ont été tirés du sein de la terre, ou des observations astronomiques, mais le dernier mot sur l'origine de l'homme et des astres est encore à trouver ; on en est encore aux suppositions et aux probabilités et l'on ne peut, par conséquent, prouver matériellement la fausseté des traditions anciennes, ce qui permet au public de croire ce que bon lui semble, jusqu'au jour où on lui prouvera clairement qu'il est dans l'erreur en lui donnant la preuve incontestable de sa véritable origine.

La nouveauté du genre étant pour l'homme un sujet de supériorité, la plupart des croyants ont laissé les fables d'autrefois pour se rallier à celles d'aujourd'hui. La Mythologie des Hébreux n'est ni plus vraie ni plus vraisemblable que les autres, mais comme elle est la plus généralement adoptée et que l'opinion que nous allons développer les abolit toutes, je vais prendre, pour appui à ma critique, celle qui a encore le privilège de rendre esclaves de son absurdité des centaines de millions de gens.

CHAPITRE II.

Du Christianisme en général.

La religion des Hébreux, celle qu'un prétendu Moïse aurait institutée, dut d'abord, par la suite, se diviser en plusieurs branches ; nous allons passer en revue la principale, et nous reviendrons plus loin sur celle qui en est la source, c'est-à-dire sur une étude sérieuse de la religion hébraïque elle-même.

Mille cinq cent soixante-trois ans après la mort de Moïse, naquit à Bethéléem, petite ville de Judée, un enfant qui se mit de bonne heure à combattre la religion des Juifs ou Hébreux. Animé d'un fanatisme ardent et d'un esprit qui, déjà faible, avait été encore exalté par une troupe de gens qui s'étaient fait de lui l'instrument de leur conspiration contre la royauté d'Hérode, ce jeune homme prit à tâche de faire destituer tous les prêtres juifs qui, de ce temps-là, faisaient déjà pas mal de commerce de leur religion. Il prêcha ensuite sur tout ce qui paraissait injuste, autant dans l'ordre civil que religieux, et les hommes qui conspiraient contre Hérode trouvèrent moyen de soumettre à leur volonté et à leur cabale le jeune et fougueux prédicateur. Pour

mieux attirer l'attention publique, ils eurent soin de lui faire
prêcher la réforme civile et religieuse sur des bases de morale
et de justice; les insultes méritées que Jésus adressait aux Juifs et
au gouvernement, excitaient les partis et attachaient le peuple à
ses discours; malheureusement, ce jeune homme était fanatique
et doué d'une imagination très vive ; il exagéra tellement ses discours qu'on finit par le regarder comme un fou. Le roi Hérode
ne s'en tint pas là, craignant une révolte contre son autorité, il
fit arrêter celui qui jouait ce rôle révolutionnaire et le fit tout
simplement crucifier.

Hérode, qui ne tenait qu'à assurer son règne, s'embarrassa fort
peu, après que la mort de Jésus eut mis fin à la conspiration, si
un contre-parti s'était formé contre la loi de Moïse; n'ayant en
matière de religion pas plus de dévotion à la loi établie qu'à
celle qui prenait naissance, il les laissa faire en toute liberté. Le
contre-parti continua à prêcher la réforme religieuse et forma
une secte qui prit pour base et pour dictateur les principes et le
nom de celui qui venait de mourir à son dévouement.

Comme tous les faits remarquables, celui-ci eut sa place dans
tous les coins de la conversation ; les bonnes paroles que Jésus
avaient dites durant sa fougueuse prédication (car à force de parler, serait-on le dernier des fous, on est forcé de dire des mauvaises et bonnes raisons), ces paroles, dis-je, furent embellies et
augmentées ; on se raconta ses voyages, ses discours, le motif et
les particularités de sa mort ; l'intérêt et la compassion qu'avait
fait naître son triste sort, firent oublier ses folies; ses extravagances parurent sublimes après son malheur; le fanatisme devint de
l'héroïsme. On finit par dire que du temps de Moïse on avait fait
de plus grandes merveilles, on crut vrai ce que l'imagination
ajoutait aux on-dit et, soit ruse, soit ignorance, la fiction, s'a-
joutant aux extravagances des racontars, fit de ce pauvre Jésus
un être surnaturel, surpassant les Moïse et Josué d'autrefois.
Ainsi commençait à se fonder une religion nouvelle sur les débris encore fumants d'un malheureux martyr du despotisme et
de l'aveuglement.

Des individus, comme cela arrive toujours dans tout événement, voulurent alors écrire l'histoire de Jésus ; mais comme le peuple raconte toujours de cent manières différentes ce qu'il a appris, ou imaginé, à tort à travers, il arriva qu'on ne put rassembler qu'un tas de contradictions. Des centaines d'histoires furent écrites, toutes plus fantastiques les unes que les autres ; chacun en ajoutait à celle de son voisin ; chaque copiste voulait faire, lui aussi, quelque miracle, de sorte qu'elles furent si extravagantes qu'on jugea à propos, plus tard, d'en supprimer les trois quarts. — Qu'on se figure le résultat que l'on produirait en réunissant tous les contes de fées, de revenants, etc., que nous ont tant de fois raconté nos grands-mères, et l'on aura une idée de ce que pouvaient être les recueils des anecdotes de Jésus le jour où sa religion fut nettement établie, c'est-à-dire quelques centaines d'années après sa mort.

Ce Jésus ne fut plus un homme, ni un prophète : ce fut un Dieu.

Il fallait l'aimer, l'adorer, se consacrer à lui et ne croire rien autre que ce que les diseurs de contes d'autrefois avaient rapporté de lui. Ce ne fut pas tout ; de simples individus, qui avaient voulu suivre son exemple en allant prêcher sa doctrine un peu partout, furent également déclarés Dieux, car ils avaient le pouvoir de guérir, eux aussi, les malades, de ressusciter les morts, etc.

Une foule innombrable, entraînée par ces merveilleux exploits, se mit à prêcher aussi; ils formèrent une société, se donnèrent des chefs, s'assemblèrent dans des établissements qu'ils nommèrent Église, se donnèrent des lois, formèrent une sorte de gouvernement, donnèrent des succursales à leur établissement et parvinrent ainsi à créer ces innombrables réunions qui s'étalent sur toutes les parties du globe, et dans lesquelles on y enseigne encore la soi-disant vie de ce pauvre Jésus, en ajoutant à leur enseignement primitif une foule d'articles supplémentaires et de signes cabalistiques qu'il serait beaucoup trop long d'énumérer ici.

Plus tard, l'imprimerie étant découverte, on imprima l'histoire de Jésus ; on adopta les quatre historiens les plus importants, on répudia tous les autres écrits, et la religion nouvelle se trouva dès lors règlementairement constituée.

Le peuple, suivant l'éternelle loi du progrès par le temps, devenait de plus en plus éclairé ; il y eut des hommes intelligents qui trouvèrent absurdes tous les mystères et les cérémonies qui se pratiquaient dans les églises ; ils dirent que Jésus avait été un homme pauvre, mais honnête, et qu'il leur paraissait criminel qu'on fît de lui un charlatan et un sorcier ; ils affirmaient que ce qu'on appelait : Extrême-Onction, Ordre, Confirmation, etc. n'étaient que des éléments de superstition et qu'une simple réforme avait été transformée en une magique féérie, assortie de tous ses bruyants décors.

C'est sur ce principe que Jean Hus, Luther, Calvin, etc. se mirent à prêcher énergiquement contre les déformateurs du christ, et fondèrent cette autre branche du christianisme que l'on a appelé : Protestantisme, à cause des protestations qui la firent naître.

Tel a été le point de départ de ces différents cultes dont le fanatisme et l'exaltation devaient bientôt transformer les églises en tribunaux, remplacer les prédications par des guerres et des carnages épouvantables et transformer ainsi le baptême de l'eau par le baptême du sang

Qu'on ne s'étonne pas si cette religion si étendue et qui est née avec tant de vigueur n'a rien, sous son aspect merveilleux, qui puisse être véritable.

Il était au contraire tout naturel que la mort barbare d'un homme qui n'était ni criminel, ni méchant, soulevât l'indignation publique et, en attachant la compassion à son malheur, fît de lui un héros remarquable, alors qu'il n'aurait toujours été qu'un individu obscur, s'il n'eût été une déplorable victime. On rira d'un cynique fanfaron, mais si cet homme est victime d'une barbare injustice, ses impudences ne seront plus que de naïvetés et les railleries feront place à l'éloge ou à la pitié.

L'Histoire de France, qui est de beaucoup plus sérieuse que celle de Jésus, ne met aucun scrupule à dire que Charles-Martel extermina, dans une bataille, trois cent soixante mille Sarazins. Il est cependant vraisemblable à tout le monde que, dans ce temps où la poudre n'existait pas, il était impossible qu'un nombre pareil de soldats restât sur un champ de bataille ; il aura suffi que Charles ait fait preuve d'un grand courage et d'une grande vaillance po r que, la bataille gagnée, l'imagination du public ait porté à l'invraisemblable un trait authentique de bravoure.

La simple et naïve Jeanne-d'Arc, poussant jusqu'au fanatisme sa croyance aux mystères de l'Eglise, avait cru voir — peut-être l'avait-elle rêvé — que Dieu lui ordonnait de sauver la France, presque entièrement alors au pouvoir des Anglais. Toute entière à son fanatisme et joignant l'acte à sa croyance, elle se met à l'œuvre et marche courageusement à l'accomplissement de son but ; son sexe, son audace, son aveuglement en face du péril éblouit, étonne les Anglais ; les Français, profitant de l'ébahissement de l'ennemi et entraînés par la marche fanatique de Jeanne, agirent énergiquement ; leur succès redoubla leur élan, et peu d'instants après, Orléans et la France étaient délivrées.

L'Histoire fait de cette pauvre Jeanne, — qu'une trop grande faiblesse d'esprit, un moment de folie peut-être, a fait le salut de la France, comme elle aurait pu faire sa perte — une téméraire guerrière, une vengeresse patriotique, une rivale de Pallas. Sa fanatique folie est tellement certaine, que ceux qui l'avaient réduite à cet état, voyant qu'elle allait trop loin et que ses actes devenaient le fruit de la superstition, la traitèrent de sorcière et de devineresse et la livrèrent aux Anglais, qui la firent brûler vive à Rouen.

Jeanne ne méritait pas plus le sort que lui ont fait les évêques de France, qu'elle ne méritait le culte du peuple français ; on doit la plaindre, déplorer sa malheureuse fin, féliciter les ef-

fets de sa folie, de sa superstition, mais on n'a pas à la glo-
rifier.

On pourrait démontrer, par mille cas analogues, que des faits,
souvent simples ou naturels, ont été portés jusqu'au fabuleux
par la rumeur publique.

On a rapporté les exploits des rois, tels que Pharamond, Clo-
dion, Mérovée, etc., et je ne crois pas qu'on soit dans la possibilité de pouvoir fournir une preuve convaincante de leur existence. Les fables de Jésus–Christ ne sont qu'un fait analogue à
toutes les autres, mais comme elles ont des conséquences beaucoup trop importantes pour en faire le même cas, il m'a paru
utile d'examiner minutieusement tout ce qui les concerne et de
m'efforcer à en démontrer toute la fausseté, en me tenant toujours sur un point de vue philosophique et en étudiant, par la
logique de la raison, cette doctrine qui, après avoir accouché de
tant de cadavres, a encore le pouvoir de faire tant de victimes.

CHAPITRE III.

Du Christianisme en particulier.

Le Christianisme repose presque entièrement sur ce mot :
Mystère. Il semblerait tout d'abord impossible de pouvoir établir une croyance forte et durable sur des mystères, puisqu'on
entend par ce mot une chose qui ne peut être ni comprise, ni
expliquée ; chose étrange, ici c'est le contraire. Je ne puis concevoir comment cela se fait, mais c'est précisément dans le mystérieux que cette religion prend sa force, c'est dans les ténèbres
qu'elle puise sa lumière et tout ce que nous devons croire d'elle
est, d'après elle, compris dans l'incompréhensible. Cette éton-

nante doctrine est sortie, comme je l'ai dit, de la Bible des Juifs ; elle se compose, par principe, des récits que rapporte l'Evangile et elle s'exécute, par pratique, selon l'adresse et l'esprit des exécutants. Elle se résume, à peu de chose près, à ceci :

Il y a un Dieu unique que nous devons aimer et servir ; il est bon, juste, tout-puissant, éternel ; il créa le monde pour le rendre heureux et le monde n'est malheureux que pour avoir désobéi à un commandement ; mais Dieu, étant infiniment bon, résolut de pardonner au peuple ; il envoya à ce sujet son fils en disant que tous ceux qui croiraient en lui seraient sauvés ; ce fils est également Dieu, il a pris la forme d'un homme et est venu indiquer toutes les lois que nous devions suivre, pour notre salut, il est ensuite mort sur une croix pour racheter, au prix de son sang, tous les péchés que le monde avait commis, après il est ressuscité, il est monté au ciel où il nous attend pour nous juger, il a ordonné, et il ordonne encore à l'Eglise d'instruire le peuple de ses lois, et il n'y a de lois de Dieu que celles qui sont enseignées dans l'Eglise Catholique, Apostolique, Romaine, termes dont je n'ai jamais pu concevoir l'utilité ; enfin, tous ceux qui mourront sans connaître et sans observer les lois de cette Eglise, seront damnés.

Voilà, à peu-près, l'ensemble de la religion ; quant aux innombrables mystères qu'elle renferme, ils ne sont venus que plus tard par la curiosité et les questions du public, puisqu'il paraît que, d'après l'Evangile, Jésus n'en a jamais parlé.

Il y eut des gens, des sots sans doute, qui trouvèrent étonnant qu'un Dieu tout-puissant et voulant tout faire, n'eût pas fait tous les êtres heureux et de manière qu'ils ne pussent ni se corrompre, ni se faire du mal entre eux.

On se demanda aussi, en quoi il était nécessaire que Dieu, qui pouvait tout faire à lui seul, inventât cet étourdissant mystère de la Sainte-Trinité en se fabriquant miraculeusement un fils, pour venir sauver un monde qui, malgré tous ces mystères miraculeux, n'a jamais cessé, paraît-il, un seul instant d'être en danger.

Voilà où commencèrent les mystères, mais ce n'est pas là qu'ils finirent, non seulement Dieu, qui pouvait tout faire lui seul, trouva le besoin d'un fils pour faire, mais encore, ce Dieu et ce fils, qui étaient tous les deux tout-puissants, eurent recours à un troisième aide qui s'appelle le Saint-Esprit. Vous vous imaginez qu'il y a là assez d'obscurité, vous vous trompez. Le père, c'est Dieu tout-puissant, qui n'a besoin que de vouloir, et cela est ; le fils, c'est un tout puissant Dieu qui ressuscite des morts, fait courir des montagnes, etc., pour montrer qu'il n'a qu'à vouloir pour que sa volonté soit faite, il vient pour sauver le monde, il le peut par un seul signe, une seule parole et, malgré tant de facilité, il faut, pour arriver à son but, qu'il meure sur une croix, que des hommes appelés Apôtres aillent prêcher sur toute la terre et pendant toute leur vie, qu'une infinité d'autres aident ses apôtres en prêchant aussi, à travers mille périls et en se succédant les uns aux autres pendant toute l'éternité.

Vous me dites que je ris, que si Dieu avait bien voulu changer le monde il l'aurait fait sans le secours d'un fils, qu'en tout cas, ce fils, qui était tout-puissant, pouvait bien se passer d'apôtres suivis d'une infinité d'adjudants, pour prolonger ainsi indéfiniment un ouvrage qui pouvait être fait en une minute et par un seul signe. C'est précisément là le mystère, il faut le croire et ne pas demander d'explication.

Le Saint-Esprit, celui là par exemple, je ne saurais guère vous expliquer ce que c'est ; il paraît que ce Saint-Esprit est Dieu, aussi bien que les autres, qu'il pouvait par conséquent tout sauver, qu'il en eut toujours la volonté et qu'il n'a encore, comme les autres, rien sauvé du tout. Vous croyez que ce soit assez mystérieux comme cela ? erreur ! Le Père, le Fils et le Saint-Esprit sont trois personnes divines toutes les trois aussi anciennes l'une que l'autre ; leur but était de faire un monde heureux, elles avaient toutes les trois le pouvoir de le faire, elles en avaient la

volonté et le monde a été malheureux ; alors ces trois personnes divines ont voulu sauver le monde du malheur, elles le pouvaient en une minute, il y a six mille ans qu'elles y travaillent
et il n'est pas encore sauvé, puisqu'on y travaille toujours. Vous
vous tromperiez, chers lecteurs, si vous croyiez que la cause de
ce retard fût un désaccord entre ces trois Dieux car il faut que
vous sachiez qu'il n'y a qu'un seul et unique Dieu. Je devine
l'expression de votre sourire, vous vous flattez d'avoir compris et
vous me dites : Ce Dieu a trois noms différents, voilà toute l'histoire. Eh ! bien, du tout, s'il vous plaît, vous n'y êtes pas encore ;
ces trois personnes sont bien distinctes l'une de l'autre, elles ne
se confondent pas, toutes les trois font un Dieu à part, et une
fois bien séparés, les trois n'en font qu'un seul. N'exclamez pas
...... c'est un mystère, il s'appelle, pardon, on l'appelle le mystère de la Sainte-Trinité, si vous n'y croyez pas, vous serez
perdus — quand vous serez mort.

Cependant, comme beaucoup de gens ne se fient pas trop
aux paroles des prêtres, sur le problème de ces trois Dieux qui
ne sont pas qu'un, mais qui n'en font qu'un, qui peuvent tout
sauver, qui veulent tout sauver et qui ne sauvent rien, il y en
eut qui dirent : Votre Trinité me paraît la fable la plus folle et
la plus absurde qu'on puisse imaginer; si, malgré vos stupides
affirmations, je persistais à ne pas y croire, serais-je beaucoup plus
sot qu'en y croyant ? La religion vous répond tout bonnement
qu'en ce cas vous ne serez pas sauvé ; mais alors, dites-vous,
quand donc serai-je perdu? Dans des milliers de siècles, quand la
fin du monde arrivera. Vous avez beau dire que dans des milliers de siècles il y aura longtemps que tout danger ne sera plus
à craindre pour vous, qui n'avez plus que quelques jours à vivre,
on vous assurera que c'est alors que le danger sera grand ; voici
comment ce phénomène s'accomplira (toujours selon la religion).

Il existe — on n'a jamais expliqué où — un lieu de supplice où
des flammes brûlent éternellement avec la même vigueur ; dans

ces affreux tourments, appelés l'*Enfer*, iront brûler — ça commence à faire frémir — les âmes de ceux qui seront damnés pour se consumer perpétuellement sans plus aucun espoir de pitié et de pardon — heureusement que la religion ne m'a jamais démontré ce que c'était que l'âme.

J'engage mes lecteurs à consulter le Dante pour se rendre un compte plus exact des peines infernales.

En un autre lieu — toujours mystérieux — se trouvent des tourments plus terribles encore, appelés le *Purgatoire*, où vont les âmes de ceux qui ne sont damnés qu'à moitié pour y purger la peine de leurs fautes, après quoi elles iront en Paradis — voir encore Dante pour le Purgatoire.

Enfin, se trouve le *Paradis* — jamais aucune indication — lieu de tous les délices, où tous les bonheurs possibles — voire même impossibles — seront le partage des fidèles qui auront cru pleinement à la doctrine de Jésus — pardon, de ses représentants ; — tous ceux qui n'auront pas cru seront impitoyablement jetés dans l'Enfer. Hors de l'Eglise pas de salut.

Voici de quelle façon s'opèreront ces sentences : Dieu a donné à chacun de nous une âme capable de le connaître et de l'aimer — je regrette infiniment que la mienne fasse exception à la règle générale. — Quand nous mourons, notre corps se réduit en poussière et l'âme s'envole dans les cieux pour aller paraître devant Dieu qui l'envoie au lieu de son mérite ; — je ne comprends absolument rien à ces voyages de notre âme ; — mais un jour la fin du monde arrivera, tout le globe sera bouleversé et, quand le calme sera rétabli, Dieu apparaîtra au son d'une trompette, — je ne sais pas pourquoi une trompette — les morts ressusciteront pour comparaître au jugement dernier et c'est alors que la vie sera éternelle, autant dans la peine que dans le bonheur.

Voilà les terribles peines qui planent sur nous, comme jadis la fatale épée sur la tête de Damoclès. Cette perspective, bien envisagée, pourrait faire frissonner tous ceux qui se sentent coupables et qui auraient lu les descriptions de Dante ; pour nous affranchir de tous ces maux futurs, nous n'avons qu'à mettre un bâillon à notre bouche, un bandeau sur les yeux et suivre, sans hésitation, le chemin de l'Evangile par la main du Saint-Prêtre, fût-ce même un Baujard, un Mapet, ou tout simplement un Borgia (1).

Tous ceux qui mourront sans être baptisés seront damnés ; tous ceux qui mourront sans avoir reçu l'absolution iront également à l'enfer ; s'ils ont commis un seul péché mortel, etc., etc.. Les frontières du salut sont si étroites qu'on ne peut faire un pas sans en franchir les limites, et vous voilà alors dans les affreux tourments. On conçoit que, dans de telles conditions, il n'y aurait pas plus de gens à l'Eglise qu'auteur d'un comédien exposé en plein vent, dans une nuit d'un rigoureux hiver ; il fallait donc à cela un remède, les associés de l'Eglise n'étaient pas gens à se tenir comme battus pour si peu, ils inventèrent la confession.

Malheureusement, comme il faut absolument avoir reçu l'absolution et le baptême avant de mourir pour être sauvé, il existe encore des gens bien à plaindre, malgré les ressources de la confession. Par exemple, ceux qui les ignorent ces lois, et qui n'ont aucun moyen absolutoire connu, ni aucun baptiseur à leur service, comment doivent-ils faire pour se sauver ? Je suppose qu'il y ait des habitants dans tous les endroits de l'Afrique Centrale qui nous sont encore inconnus ; sera-ce de leur faute à ces gens, qui n'ont jamais entendu parler de Jésus, ni de Dieu, ni des prêtres, ni de l'église, s'ils meurent sans être absous, ni baptisés ? Je comprends qu'on reproche à celui qui se noie par imprudence de n'avoir pas remarqué le danger qu'il allait courir ; mais à celui qu'on attrape, qu'on enchaîne et qu'on jette à l'eau, je ne vois guère de quel tort il peut être inculpé. Donc, avec la méthode de la confession, le dernier des bandits, qui reçoit l'absolution avant de monter sur l'échafaud, est susceptible d'aller en paradis, tandis que le plus honnête homme du monde qui périt

(1) Voir note 1 à la fin.

dans un naufrage, ou dans tout autre accident imprévu, et qui n'a que le temps de jeter une parole d'adieu à sa femme ou à ses enfants, au lieu de vite penser à Dieu, celui-là ira sans pitié dans l'enfer pour ne s'être pas confessé. Et le pauvre innocent qui meurt aussitôt après sa naissance, quel tort a-t-il de n'être pas baptisé ?

L'Eglise n'a aucun moyen plus précieux que la confession pour exploiter la crédulité. Par ce moyen Elle finit par triompher, au moment de la mort, de ceux qui lui ont été les plus rebelles, s'ils ne conservent pas jusqu'au bout leur force de caractère et leur bon sens. C'est ce triomphe d'un mourant qui les rend forts, ces prêtres peu délicats qui exercent toute leur vigueur quand leurs adversaires sont dans le plus complet état de faiblesse.

Que peut faire un mourant ? Sollicité de partout, il se fait cette réflexion : J'ignore si ces mystères sont vrais ou faux, s'il y a un Dieu ou s'il n'y en a pas ; on me dit que je suis damné et je n'ai besoin, pour ne plus l'être, que de demander pardon à un prêtre, des fautes que je peux avoir commises, cela ne me coûte rien et si, par hasard, il était vrai que tous ces tourments existassent, il serait bien imprudent, pour quelques minutes que j'ai encore à vivre, de courir un pareil danger ; si ce n'est pas vrai, que m'importe, je n'en serai ni plus vieux ni plus jeune et puisque d'un côté il y a tout à perdre et que de l'autre il n'y a qu'à gagner, prenons ce parti et confessons-nous.

Voilà où se trouve la mystérieuse force de la religion catholique ; le doute d'un mourant suffit pour leur faire chanter victoire, il leur rapporte quelques pièces de cent francs et, avec cela, de quoi faire la guerre à ceux qui les réprouvent.

Qu'importe au malheureux qui va mourir, qui n'a plus qu'une minute à vivre, de donner à ce prêtre les quelques paroles qu'il mendie, qu'il arrache quelquefois tyranniquement ; une fois ces paroles jetées, une fois cette confession faite, le triomphe est complet.

Il faut que l'enterrement de ce bienheureux ange soit digne de sa sainte mort, c'est la dernière volonté de ce pauvre homme, c'est le dernier service que vous pouvez lui rendre, on ne peut pas être avare pour un si grand devoir, le ciel, le bonheur éternel du malheureux défunt, dépend de votre miséricorde et de nos ferventes prières; plus votre cœur sera généreux — pour ces pauvres âmes du purgatoire — plus nos efforts seront d'un zèle efficace, plus le paradis éternel lui sera assuré. Voilà les raisonnements du curé, de son commis ou de quelque vieille confessée de la veille — leurs limiers à eux — qui sont faits aux parents après la mort; un peu plus de grimaces, un peu plus de monnaie, c'est ce qu'il leur faut.

La famille du mort est désolée, elle ne va pas calculer, dans ce moment douloureux, si un nombre plus grand de prières coûte un chiffre plus gros d'argent ; si, dites par une légère basse-taille, elles ont moins de valeur que chantées sur le ton d'un fort ténor ; on ne songe pas dans de pareils moments à la spéculation et le mieux que l'on trouve, c'est de les laisser faire, ce qui ne manque pas d'arriver, l'enterrement aura été un peu plus riche en voix et prières, il aura coûté quelques cents francs de plus ; ce truc, répété assez de fois, accumule dans leur caisse une somme assez forte pour leur permettre d'attendre patiemment une nouvelle recrue, l'émulation la leur fournit et met bientôt tous ceux qui sont encore esclaves du moindre préjugé, dans l'impossibilité de passer par un autre chemin.

Voilà par quels moyens ces bonnes âmes vivent somptueusement, et sans rien faire, dans des palais, aux dépens des quelques sous qu'un charitable malheureux leur a donnés, quand ils ont fait la quête — pour les âmes du purgatoire — ou qu'un pauvre convaincu leur livre en échange d'une telle quantité de prières. J'ai vu à Paris, et elle existe encore pour pouvoir en fournir des preuves, une pauvre femme qui a donné deux cents francs pour enterrer son mari et qui a été obligée, le surlendemain, de se faire prêter trois francs à un liquoriste du coin de la rue St-

Dominique et de la rue Jean-Nicot, pour pouvoir souper le soir. Cela se voit journellement.

Voyons, MM. les curés, il y a quelque chose à expliquer là-dessous ; vous faites trois sortes d'enterrements, ceux de 1re, de 2me et de 3me classe ; c'est-à-dire qu'ils sont divisés en trois prix différents. Qu'est-ce que vous faites payer de plus dans celui de la première que dans celui de la troisième classe ? Il n'y a qu'un plus grand nombre de prières et un plus grand déploiement de luxe dans le premier que dans le dernier, avec la différence que les prières y sont dites plus fort ; au lieu de murmurer tout bas, vous chantez à vous égosiller. Est-ce le nombre des prières qui coûte plus ou moins cher, selon qu'il est plus ou moins grand, ou bien le ton de voix qui fait la différence de prix ? Si vous êtes commerçants de prières, déclarez-le, afin que vous soyez, comme vos compatriotes, soumis à la patente ; si c'est le luxe du spectacle qui coûte, allez monter une exposition dans un salon, et non sur une voie publique, pour y faire payer les amateurs qui vous rendront visite ; si, au contraire, vous êtes des artistes chanteurs, allez alors vous exercer à l'opéra où vous pourrez faire apprécier vos talents de basses ou de ténors, au lieu de venir pratiquer votre art de comédien après la lugubre dépouille d'un mort.

Une exploitation plus déplorable encore est exercée par l'Eglise contre les enfants. Chez le mort, le prêtre ne s'empare que de l'argent ; chez l'enfant, il lui enlève son intelligence, il lui appartient presque aussitôt qu'il existe.

Vous avez un enfant ; qu'allez-vous faire, le faire baptiser ou le laisser tel qu'il vient ? Si vous ne le faite pas baptiser, il faut que vous preniez votre parti de ne plus avoir à faire avec eux, car ils refuseront à leur tour de le faire communier, de le marier et de l'enterrer ; si vous le faites baptiser, il faut que vous vous arrêtiez à toutes les étapes de la religion.

Dans les grandes villes où nul ne se connaît, ni se ne fréquente, il est facile au père de famille, selon l'entourage qu'il a, de suivre sa liberté de conscience, mais dans un petit village, où les préjugés et les habitudes priment toujours les lois, on ne se hasarde pas à être mis à l'index des trois quarts de la population, parce qu'on a besoin de ces réprobateurs pour vivre ; alors on est forcé de faire comme les autres et c'est ainsi que, malgré soi, on rentre dans cet engrenage qui vous prend au baptême, vous fait passer à la communion, à la confirmation, le mariage et l'enterrement où vous êtes entraînés à servir de capital à intérêt indéterminé pendant toute votre vie, et à intérêt forcé après votre mort.

Comme on le voit, ces raisonnements ne s'appliquent qu'à ceux qui, tout en en étant victimes, n'y croient pas ; que doit-on penser de ceux qui y croient entièrement ? Il est naturel que ceux-là devront donner tout ce qu'ils pourront pour de beaux enterrements et de grandes messes ; aussi, ne doit-on pas s'étonner de voir souvent des jeunes filles, ou d'autres personnes faibles qui, exhortées constamment par des prêtres, finissent par déshériter soit leurs frères, soit tout autre parenté, au profit d'un couvent ou d'une Eglise.

Si tous remarquaient que ces associations religieuses sont gorgées d'or et que l'argent, toujours l'argent, est le meilleur moyen de n'être pas damné, il y aurait longtemps qu'ils ne trouveraient plus de victimes. Malheureusement, en ceci comme en bien d'autres choses, les préjugés sont souvent plus forts que la raison.

A l'âge de dix ans l'enfant se prépare à faire sa première communion, il va à cet effet deux ans au catéchisme pour apprendre ce qu'il est absolument inutile qu'il sache et qu'il pourrait savoir dans trois mois. On commence par lui faire un tableau de l'enfer qui l'épouvante, il ne fait, pendant quelque temps, que rêver des diables et des démons ; on lui parle des mystères de la Trinité, de l'Immaculée-Conception, des miracles de Jésus, Moïse, etc., on lui met enfin dans la tête une infinité de choses incompréhensibles, même aux cervelles les plus clairvoyantes ; on comprend aisément l'effet que doit faire tout cet amas métaphysique dans la tête d'un jeune enfant; il résulte que s'il ne devient pas fou, on est certain de le voir pendant quelque temps comme hébété, tellement il est dominé par les idées qu'il se fait sur le diable et l'enfer.

Cet ahurissement, qui les tient dans une démoralisation stupide jusqu'à l'âge de douze à quatorze ans, époque où la plupart des enfants de la campagne quittent l'école, a tellement occupé son esprit, que le peu d'éducation qu'il avait péniblement acquis en grammaire et en mathématiques, ne tarde pas, aidé par les soucis nouveaux du travail et les idées d'une vie plus libre, à s'évanouir complétement dans les profondeurs des mystères du cathéchisme.

Cette manière de cultiver les premières idées de l'enfant, ses premières impressions qui sont si vives et si lucides, obtiennent cet admirable résultat, qu'au lieu d'avoir quelques connaissances positives que lui aurait fournies une éducation accessible à sa jeune intelligence, l'enfant se perd en conjectures sur des phénomènes qui n'ont rien d'utile et qu'il ne peut concevoir, et ne garde à peu près, après cinq ou six ans d'études, qu'une ignorance plus ou moins complète. Cette éducation, renouvelée de père en fils, a fait que des millions d'individus restent perpétuellement soumis, au dépens du progrès et de l'industrie, à cette agence religieuse qui escompte l'esprit et l'argent, la vie et la mort de toute une masse de peuple qui ne sait ni pourquoi ni comment elle s'y est volontairement laissée prendre.

Maintenant on va me dire : tous ces procédés ne seront coupables, toute cette éducation ne sera nuisible, que si l'Eglise est dans le faux, que si tous les mystères qui y sont enseignés ne sont que des inventions absurdes ; la doctrine catholique peut être vraie quoique mystérieuse et l'on n'aura droit de l'attaquer de la sorte que le jour où, de la discussion, sortiront des preuves matérielles et convaincantes de sa fausseté ; si l'Eglise est dans le vrai, si l'immortalité de l'âme et la divinité de Jésus sont des réalités, ce sera alors, au contraire, tous les raisonnements de ses contradicteurs qui seront absurdes et criminels.

D'accord avec ceux qui objecteront cela. Si vraiment un Dieu a ordonné que telle loi soit suivie, si la doctrine chrétienne ne ment pas, toutes les autres sont coupables. L'homme ne doit tenir aucun compte de l'industrie, du progrès, ni de tous les devoirs que les lois et les préjugés nous imposent envers la société ; il n'a plus qu'un seul et unique devoir : adorer Dieu. Qu'est-ce, en effet, l'utilité que peuvent avoir pour nous le progrès et la science, tous les plaisirs que nous pourrons nous procurer, si nous n'avons pas satisfait à la volonté d'un être tout-puissant ? Certes, les plaisirs les plus grands n'ont pas à être enviés s'ils doivent entraîner les tourments éternels ; qu'on se figure un homme qui vivra 80 ans au sein de la plus grande félicité, comblé de tout ce qu'il peut désirer ; après ces 80 ans de délices, il meurt, tout est fini et la mort a emporté jusqu'au souvenir de son bonheur passé. Supposez maintenant ce même homme ressuscité et plongé 80 ans dans les tourments les plus affreux, puis, après avoir souffert ces 80 ans, recommencer encore et cela des milliards de fois toujours à recommencer sans jamais en finir ; on conçoit que, dans ces conditions, les 80 ans de sa vie de bonheur sont si peu de choses auprès de sa souffrance, qu'il ne vaut pas même la peine de les citer. Jugez donc alors de la situation où nous sommes, nous qui, au lieu de passer 80 ans de bonheur dans notre vie, n'avons que quelques jours de félicité que nous arrachons péniblement à l'égoïsme de l'ambition et à la sévérité de la misère et qui, pour ces quelques instants, à cause de notre sceptique orgueil, avons encouru les souffrances infernales de l'éternité.

C'est cette terrible perspective qui a fait réfléchir pas mal d'incrédules.

Si c'était vrai. Telle est la pensée qui vient aux lèvres de toute personne qui va mourir ; les adroits exploitants qui ont imaginé ces effrayantes menaces ont très bien prévu tout ce qu'on pouvait leur répondre, ils ont devancé toute attaque par cette seule raison : c'est un mystère de Dieu. Ce mot de Dieu renferme tout, Dieu est invisible afin qu'on ne demande pas à le voir, il est partout, afin qu'on ne demande pas où il est, il est impalpable, afin que personne n'ait la bizarrerie de vouloir y toucher; dites tout ce que voudrez contre ces incompréhensibles phénomènes, ils ne vous répondront que cela : c'est un mystère que Dieu a révélé.

Les abominables prêtres et évêques qui volaient jadis le bien de leurs compatriotes et qui faisaient brûler vivant, par l'Inquisition, son malheureux propriétaire, ne répondaient à toutes les imprécations qui leur étaient adressées par le patient, que par ces hypocrites paroles : Mon Dieu, pardonnez à ce malheureux qui ne veut pas se convertir ; ce qui ne les empêchait pas de s'emparer de son bien et d'en jouir. Mais, à quoi bon toutes ces réflexions, puisqu'il y a toujours là la volonté et le mystère de Dieu qui peut tout absoudre, il faut croire en aveugle et ne rien dire, autrement gare aux tourments éternels.

J'ai compris toute la profondeur de l'abîme où tombent les incrédules ; je me figure très bien les terribles et irréparables souffrances que j'encours en ne croyant pas, et, pour affreuse que soit la perspective de ces atroces tourments, je persiste à douter, à demander des renseignements et à fouiller dans tous les coins de la religion pour trouver un abri à mon héroïque dévouement ; c'est un sacrifice bien grand que je fais pour ceux qui auraient, comme **moi**, la curiosité de pénétrer un peu dans ces prodiges mystérieux.

————————

CHAPITRE IV.

De Jésus-Christ.

————————

Nous avons vu que toutes les cérémonies religieuses exigent de l'argent ; nous avons vu aussi que tout y est mystérieux, si nous le regardons maintenant d'une manière philosophique, nous le trouverons tout ridicule. Si l'on fait, en effet, abstraction un moment du but, ne rira-t-on pas en assistant à une messe?

Voici un homme qui s'habille de robes noires, il va devant un autel entouré de cierges allumés ; des enfants habillés de robes rouges l'entourent, il fait des signes de toutes sortes, croise les bras, lève les yeux en l'air, se met à genoux, parle à voix basse, puis chante fort, etc., etc. L'homme qui n'en aurait jamais ni vu ni entendu parler, ne croirait-il pas que tous ces gens sont fous ? Une fois le but connu, cela devient, sinon très raisonnable, du moins assez admissible; mais s'il était démontré que tout cela ne fût qu'une invention d'un plaisant farceur ou d'un fanatique superstitieux, ce ne serait plus ridicule, mais déplorable.

Il est donc du plus grand intérêt de s'informer de la source de la religion et de l'authenticité de ses révélations. Moi, pour mon compte, je peux affirmer que je n'ai jamais vu ni Dieu, ni Jésus-Christ, ni ses miracles ; je devrais, sur cette seule considération, ne rien croire de tout ce qu'on me dit, prétextant que si Dieu tout-puissant exige que je fasse quelque chose pour lui, il saura bien me le faire faire et que, s'il ne s'occupe pas de moi, c'est preuve qu'il n'exige pas que je m'occupe de lui. Mais si nous nous renfermions dans ce système-là, nous nous en tirerions trop facilement. Quand je demande à un prêtre si c'est à lui que Dieu a révélé les mystères, celui-ci me répond que, pour son propre compte, il n'a rien vu, ni rien entendu, mais que les révélations sont contenues dans les livres Saints ; je demande alors si c'est Dieu qui a fait les livres Saints ; on me répond que non, que ce sont les imprimeurs et que Dieu n'a rien écrit, mais que des hommes qui ont vu et entendu, ont transmis leurs instructions au peuple, selon que Dieu le leur avait ordonné.

Des quatre Evangélistes qui ont rapporté la vie de Jésus, il n'y a que Luc et Jean qui expliquent de quelle manière ils l'ont apprise ; les deux autres, Marc et Mathieu, n'en parlent pas. Luc dit en commençant son Evangile : Plusieurs ayant entrepris d'écrire l'histoire des choses dont la vérité a été connue parmi

3

nous avec une entière certitude, selon que les ont apprises ceux qui les ont vues eux-mêmes dès le commencement et qui ont été les ministres de la parole, j'ai cru aussi, très excellent Théophile, que je devais te les écrire par ordre, après m'en être exactement informé dès leur origine, afin que tu reconnaisses la certitude des choses dont tu as été instruit.

Voilà au moins un auteur peu scrupuleux ; il est commode de prétendre que nous pouvons reconnaître la certitude de nos histoires dans les lignes que je viens de citer. Vraiment, M. Luc, la vérité a été connue parmi vous avec une entière certitude selon que l'ont apprise ceux qui ont vu eux-mêmes, et vous ne vous donnez pas la peine de nous dire qui sont ceux-là et quelle garantie ils vous ont donnée pour être sûr qu'ils ne vous ont pas trompé Il me semble cependant que quand on affirme des choses aussi extravagantes que les miracles de Jésus, on ne ferait rien de trop de donner quelques preuves à l'appui des affirmations.

Jean termine ainsi son Évangile : C'est ce disciple (celui que Jésus aimait) qui rend témoignage de ces choses, et qui les a inscrites, et nous savons que son témoignage est véritable. Par quoi, et comment, savez-vous que ce témoignage est véritable ? Quelle preuve nous donnez-vous qu'il vous l'ait fait ? Non seulement ces deux auteurs ne donnent aucune preuve sur ce qu'ils avancent, mais ce qu'il y a de plus à remarquer, c'est que les quatre évangélistes sont en perpétuelle contradiction de l'un à l'autre.

En présence des faits extraordinaires qu'ils me racontent, des contradictions qui s'élèvent entre eux et des affirmations hardies et dépourvues de toute autorité qu'ils formulent, ces quatre évangélistes me laissent, sur l'exactitude de leurs histoires, une infinité de légitimes doutes.

Pourquoi ces quatre auteurs se contredisent-ils ? Est-ce bien vrai qu'un disciple de Jésus en a rendu témoignage à Jean ? Ce disciple n'était-il pas un menteur, un fou, un homme abusé par un rêve ? Pourquoi Jésus n'a-t-il pas écrit lui-même ses livres ? Pourquoi n'est-il pas parlé dans ces livres de la Sainte-Trinité, de l'Enfer, du Purgatoire, de Confirmation, d'Extrême-Onction, d'Ordre, etc., etc. ? Je peux donc être dupe d'un menteur, d'un fou, d'un somnambule, d'un intrigant, d'un farceur. Tous ces doutes restent donc légitimes faute de preuves contraires et, quand même il serait vrai que Jésus était le fils de Dieu, je peux supposer qu'il n'a rien dit de tout ce qu'on lui fait dire et que l'Eglise n'enseigne que le contraire de ce qu'il faudrait pratiquer.

Quelles preuves me donnent ces quatre hommes qui se contredisent pour m'affirmer que Jésus a fait des miracles ? Aucune, rien absolument n'appuie leurs affirmations. Pour affirmer sans preuve, tout le monde peut en faire autant ; quand Perrault me dit que le petit Poucet faisait sept lieues dans une heure avec ses grandes bottes, il peut très-bien m'affirmer qu'il dit vrai, comme Mathieu, quand il dit que Jésus commandait aux montagnes de fuir et qu'elles obéissaient. Mathieu n'a pas plus de preuves pour son Jésus que Perrault pour son Poucet, et je ne vois pas quelle raison pourrais-je avoir de rire de l'un et de croire sans arrière-pensée à l'autre ; au contraire, tous les historiens de son temps ont connu Perrault comme un homme d'esprit et un savant ; aucun historien au monde n'a connu ni Jésus, ni Mathieu.

On me dira que le premier était un conteur et que l'autre était un Saint ; je peux croire tout le contraire, puisque, encore dans ce cas, il ne s'agit que d'affirmer.

Ils sont quatre qui ont écrit l'histoire de Jésus, ils se contredisent tous les quatre et l'Eglise les a sanctifiés l'un comme l'autre, en adoptant les quatre versions contaires. Il y avait autrefois une infinité de livres sur Jésus, écrits par des Saints, que l'Eglise a supprimés comme étant faux. Saint Jérôme assure formellement ques les Ecritures Saintes ont été plusieurs fois faussées, dès le commencement, en y ajoutant, ou retranchant ce que bon leur semblait. Il est évident qu'en ce temps où l'imprimerie n'existait pas, les copistes étaient tout à leur aise pour faire quelques phrases miraculeuses.

On a brûlé l'Evangile attribuée à saint Thomas, à saint Barthélemy, etc., etc., qui me prouve que celles qu'on enseigne aujourd'hui ne sont pas aussi fausses que les autres ?

C'est au milieu de toutes ces contradictions, sur l'affirmation hasardeuse de quelques individus, qu'aucun historien n'a vu, ni entendu parler d'eux et qui me rapportent des choses tellement surnaturelles, qu'outre de m'être tout-à-fait incompréhensibles, elles me paraissent de toute impossibilité, et qui ne peuvent avoir aucune explication autre que le mot : Mystère ; C'est sur tout cela qu'on veut me faire croire à une religion, à un culte qui demande que ma vie, mon intelligence se fassent les esclaves de ses lois ; c'est sur de telles bases qu'on a bâti la doctrine hasardée, mais non désintéressée, qui gouverne encore un tiers de la population du globe et qu'on appelle le *Christianisme*.

Je crois qu'après ces quelques réflexions, on m'accordera quelques raisons de ne plus vouloir croire aveuglement et de demander des explications. Voyons maintenant sur quelle autorité se base-t-on pour affirmer que la religion catholique est d'institution divine, et s'il y a quelques raisons à croire que Dieu ait révélé les mystères qu'elle renferme.

La Bible dit que Dieu avait promis à Abraham et à David que ce serait d'eux que naîtrait le Christ, le sauveur du monde. Si la Bible n'avait jamais renfermé cette promesse, il est certain que le Christ n'aurait jamais existé, ainsi que sa religion ; il faut donc absolument pour que Jésus soit le Christ jadis promis, qu'il descende directement de la race d'Abraham. Pour prouver cette authenticité de sa race, deux des évangélistes seulement donnent la généalogie de Jésus, ce sont Mathieu et Luc.

Mathieu dit que David eut Salomon ; de Salomon naquit Jacob ; de Jacob, Joseph, l'époux de Marie, qui eut Jésus. Luc dit que David eut Nathan ; de Nathan descendit Héli qui eut Joseph, l'époux de Marie. Joseph, l'époux de Marie et père de Jésus, descend-t-il de David par Salomon, Roboam, Nathan et Jacob, selon Mathieu, ou de David par Nathan, Booz et Héli selon Luc ? Il est impossible que Joseph soit le fils de deux pères, il doit être le fils d'Héli ou de Jacob, il doit descendre de David par Salomon, ou par Nathan ; il faut donc absolument qu'un des deux auteurs soit dans l'erreur. Si Dieu a révélé le livre de Mathieu, il n'a pas révélé celui de Luc et réciproquement ; il y en a donc un des deux qui est faux.

Mathieu écrit, au chapitre 1 v. 18, 19, 20 de son Evangile : Marie, la mère de Jésus, ayant été fiancée à Joseph, se trouva enceinte par l'esprit du très haut, avant qu'ils fussent ensemble ; alors Joseph, son époux, étant un homme de bien et ne voulant pas la diffamer voulut la quitter secrètement. Mais comme il pensait à cela, un ange du Seigneur lui apparut en songe et lui dit : Joseph, fils de David, ne crains rien de prendre Marie pour ta femme, car ce qu'elle a conçu est du Saint-Esprit.

Plus loin, v. 24 et 25 : Joseph donc s'étant réveillé de son sommeil, fit comme l'ange lui avait dit et il prit sa femme, mais il ne la connut point jusqu'à ce qu'elle eût enfanté son premier-né, et il lui donna le nom de Jésus.

Je demande toute l'attention du lecteur à cette citation. On voit dans ce passage de Mathieu que Marie était enceinte avant d'être avec Joseph, mais, qu'ils étaient mariés quand Joseph s'en aperçut, puisqu'il dit : *alors Joseph, son époux, étant un homme de bien* etc., et qu'après l'explication de l'ange il dit : Joseph fit comme l'ange lui avait commandé et il prit sa femme. L'ange qui apparaît en songe pendant qu'il dormait, laisse supposer que ceci se passait dans la nuit, pendant que Joseph dormait, probablement près de sa femme, c'est dans ce cas qu'il aura connu sa grossesse ; eh bien ! est-ce que ceux qui ont rapporté cette histoire se trouvaient dans la chambre de Joseph pour avoir vu et entendu ce que lui a dit l'ange ? Comment peut-on savoir l'authenticité de cette apparition et de la révélation de l'ange, s'il n'y avait pas de témoins ? On ne nous dit pas seulement que Joseph ait rapporté ce fait et qu'il en ait répété les paroles ; mais je suppose qu'il les ait rapportées ; peut-il savoir lui-même si ce qu'il dit est réel, puisque c'est dans un songe que ceci s'est passé ?

Pour oser dire et affirmer de pareilles choses, il faudrait que le rapporteur de ces faits, fût accompagné de témoins dignes de foi, eut vu apparaître l'ange, entendu les paroles qu'il a dites à Joseph, et que celui-ci eût raconté à son réveil, mot par mot, tout ce que les autres auraient vu et entendu ; mais, outre que Mathieu n'était pas dans la chambre, qu'il ne dit pas qui le lui a raconté, il y a encore deux évangélistes qui ne disent rien de tout cela et Luc, qui le raconte d'une manière toute différente et sans faire intervenir les songes, ce qui me donnerait moins de doute, car je me méfie beaucoup de l'authenticité des faits qui peuvent se passer dans des songes.

Pour dire ensuite que Joseph ne connut point sa femme jusqu'à la naissance de Jésus, il faut, je crois, avoir pour cela le témoignage de Marie et la preuve d'un homme de science, à supposer que ce savant et Marie ne fussent pas d'accord pour affirmer un mensonge dans un but quelconque. Ces formalités, indispensables à la certitude de ses affirmations, manquent totalement, et si nous ne nous arrêtons qu'aux probabilités, nous verrons qu'il est peu probable que le fait soit vrai, car, étant mariés après la conception, mais avant que la révélation eût lieu, Joseph et Marie ne devaient pas vivre ensemble pour ne point user du droit de leur mariage ; aussi, outre que le récit qui nous l'apprend est ridicule et invraisemblable, outre que le silence des deux autres évangélistes prête à des doutes plus ou moins justes, il y a encore la contradition de Luc, la probabilité du contraire et le manque de preuves certaines, qui nous forcent à croire que ce récit est tout ce qu'il y a de plus faux. Il y a donc encore ici un mensonge.

J'irai plus loin ; je supposerai que la contradiction entre Luc et Mathieu, sur la généalogie de Jésus et sur la révélation de l'ange, n'existe pas ; je suppose que Marie soit vraiment une mère-vierge — on pourrait encore supposer cela d'une jeune fille qui, ayant horreur des hommes, se trouverait à son insu dans cette situation, mais d'une jeune fille qui a un amant, c'est un peu fort ; enfin supposons toujours — j'admets que l'on ait vu l'ange apparaître à Joseph, selon Mathieu, et à Marie selon Luc, le récit des deux évangélistes n'en sera pas moins absurde et ridicule.

Si Jésus est le fils du Saint-Esprit et que Joseph ne soit en rien dans sa naissance, il n'a rien de commun avec la généra- tion de David ; puisque ce n'est pas du côté de Marie que sa généalogie arrive à David, mais du côté de Joseph. Ces deux au- teurs s'efforcent à nous démontrer que ce Jésus, qui naquit à Béthléem, est bien ce sauveur du monde qui avait été promis à David, ce Christ que les Juifs attendaient depuis si longtemps ; ils se contredisent dans sa généalogie ; pour nous prouver qu'il est bien de la race d'Abraham, ils nous donnent les noms de tous ses aïeux, puis, soudain, ils nous affirment que Jésus n'a pas d'aïeux, qu'il ne descend que du Saint-Esprit et que Joseph n'était pas plus son père que moi. En quoi donc, alors, était-il néces- saire de nous donner sa généalogie, de vous contredire vous au- tres-mêmes en cela, si, après, vous vous efforcez de nous convain cre qu'il n'a ni père, ni race ? Les paroles de la Bible sont ce- pendant bien précises à ce sujet, et Jésus ne peut être le Christ que si Joseph est de la race de David et père du fils de Marie. Voici le texte des paroles que Dieu dit à Nathan d'aller porter au roi David : Quand tes jours seront accomplis, et que tu seras endor- mi avec tes pères, alors je ferai lever de ta postérité, après toi, un fils qui sortira de toi, et j'affermirai son règne. Ce sera lui qui bâtira une maison à mon nom, et j'affermirai le trône de son règne à toujours (voir le 2me livre de Sammuel, ch. 7, v. 12, 13, 14, 15, 16 de l'ancien Testament). Il n'y a pas d'équivoque possi- ble ; Dieu en disant cela à David était bien dans la volonté de faire naître ce sauveur de sa race; il voulait bien que ce fût du sang des enfants d'Israël qu'il naquit et assurément, ne pensait

pas à le faire naître de son Saint-Esprit, puisqu'il dit, au verset
15 du même chapitre : Ma miséricorde ne se retirera point de lui
comme je l'ai retirée de Saül, que j'ai ôté de devant toi. Dieu ne
voulait donc faire de ce futur élu qu'un égal à Saül, avec la différence qu'il ne le punirait jamais. Il faut que l'Eglise choisisse
entre cette alternative, ou que Jésus ne soit pas le Messie autrefois promis, ce qui fait qu'alors il n'est plus rien du tout, ou
que, s'il est le Christ, Marie n'est pas vierge, Joseph est son
père et toute la mystérieuse histoire de la Trinité et de l'Evangile
n'est qu'une monstrueuse absurdité. Cette évidence est claire et
incontestable, et MM. les prêtres, et tous les membres de l'E-
glise n'empêcheront jamais cette vérité ; c'est avec les livres
qui instituent leur religion et avec leurs propres affirmations,
leurs déclarations les plus formelles, qu'on peut hautement déclarer et prouver que leur doctrine est insensée, et qu'ils ne sont
que des absurdes imaginaires, car Jésus, quoi qu'on en dise, ne
peut pas être le Christ et le fils du Saint-Esprit à la fois. Croyez
donc encore maintenant que tous leurs miracles, qui n'ont aucune raison sérieuse de vérité et qui sont fondés sur des rêves
et des songes, soient des faits vrais.

Continuons cependant avec résignation notre examen.
Mathieu n'a pas été scrupuleux pour les apparitions en songe.
Après avoir raconté l'adoration des mages, conduits par une
étoile, un ange apparaît, dit-il, en songe à ces mages et leur dit
de ne plus retourner vers Hérode. Un autre ange apparaît, toujours en songe, à Joseph et lui dit de prendre l'enfant et de fuir
en Egypte, Hérode devant le faire chercher pour le faire mourir.
Hérode fait alors marssacrer tous les enfants au-dessous de deux
ans, dans l'espoir que dans ce nombre se trouverait Jésus. Après
ce massacre, un ange réapparaît en songe à Joseph et lui dit qu'il
pouvait retourner à Nazareth. Aucun des autres évangélistes ne
parle de la fuite de Joseph en Egypte, ni du massacre d'Hérode, ni
des apparitions ; il faut donc que ces faits-là soient bien obscurs,
pour que nul n'en ait parlé, ou qu'ils soient encore faux.

Oui ou non, Joseph a fui en Égypte, oui ou non, Hérode a fait ce massacre, oui ou non, des mages ont adoré Jésus. Si tout cela est arrivé, pourquoi Mathieu seul au monde en parle-t-il ? Si la vie de Jésus n'est pas claire, si on ne sait pas au juste ce qui se passa à sa naissance, on n'a pas le droit d'affirmer comme vrais, des faits incompréhensibles et surnaturels. On aurait tort si on n'ajoutait qu'une médiocre attention à ces contradictions ; pour inventer les étonnants mystères de la Trinité Sainte et de la sainte Marie, les membres de l'Église ne se sont basés que sur les racontars de ces évangélistes ; il y a donc une importance extraordinaire à prouver que ces racontars sont des absurdités, parce que, avec des preuves comme celles que nous venons de fournir, l'Église ne peut plus donner une seule raison sérieuse de son origine divine, et par conséquent de l'utilité de son existence.

Le massacre que Mathieu attribue à Hérode est un fait historique d'une telle importance, qu'il faut qu'il soit vrai, ou que celui qui l'inventa soit le plus insensé et le plus affreux menteur que le monde ait connu ; car, il n'existe dans les annales d'aucun peuple et dans les actes d'aucun roi, une abomination pareille à l'atrocité de ce meurtre de petits enfants ; les crimes de Marius, de Sylla, qui étaient commis 80 ans avant Jésus-Christ, sont entièrement connus; la vie de Brutus, de Néron, la conspiration de Cinna contre Auguste, qui se passaient à la même époque que le récit de Mathieu, sont des faits acquis à l'histoire Les historiens Tite-Live, Salluste, Pline l'Ancien, Tacite, Quinte Curce, etc. fleurissaient dans ce moment, et dans aucune de leur histoire, ni dans aucun livre du monde, on ne trouvera le massacre imputé à Hérode ; Joséphe, l'historien, a écrit la vie de ce roi et il ne dit rien de ce carnage. Oseriez-vous dire de sang froid, MM. de l'église, que ce récit est authentique et qu'il n'y a dans le monde que votre Saint Mathieu qui l'ait connu? Non, n'est-ce pas, Vous n'aurez pas cette impudence-là et vous préférerez avouer que Mathieu, le premier des évangélistes, est le dernier des menteurs et des calomniateurs ; car, un pareil crime eût soulevé la terre entière ; vous iriez parler dans mille ans, au premier Français venu, de la St-Barthélemy, qu'il ne vous contesterait pas un moment la vérité de votre parole. Des crimes de ce genre mettent à la postérité l'universelle infamie de leur auteur. Si l'église croit que Mathieu en sait plus long que tout le monde, il faut qu'elle efface de son catéchisme la fête de la Circoncision inventée par Luc et celle de l'Annonciation du même auteur, parce que celui-ci ne dit rien des histoires de Mathieu, et Mathieu ne parle pas des histoires à Luc. Où donc est la vérité ? Ces hommes sont-ils des menteurs, des intrigants, des faiseurs de romans ou des rapporteurs inexacts de choses obscures ? Ils rapportent tous les quatre la vie du même homme, seulement de quatre manières différentes ; il y a donc trois menteurs sur quatre, à supposer qu'ils ne mentent pas tous, car Dieu ne peut pas avoir révélé les mystères de quatre manières contradictoires. Celui qui mériterait le plus d'être cru, ce serait celui qui a écrit le premier, celui-là c'est justement Mathieu, l'imposteur et le calomniateur du roi Hérode, qui raconte le plus grand fait historique du temps passé et qu'aucun historien du monde n'a connu.

Mathieu dit que la naissance de Jésus a été annoncée en songe à Joseph ; Luc dit qu'elle a été annoncée sans songe à Marie. Luc dit que Jésus fut adoré par des bergers qui avaient été informés par un ange, sans parler de rois, ni de songes ; Mathieu prétend qu'il fut adoré par des rois mages venant de l'Orient, conduits par une étoile et instruits de cet événement par un ange dans des songes, sans parler de bergers. Encore une fois, où est la vérité ? Ce qu'il y a de certain, c'est que le jour de la fête des Rois, du 6 janvier, celle de la Circoncision, du jour de l'an, de l'Annonciation du 25 mars, et des Saint-Innocents, la religion, en célébrant les inventions des deux auteurs en contradiction l'un de l'autre, rend victimes des mensonges de l'un ou de l'autre des millions d'honnêtes innocentes gens.

La religion catholique, et toutes celles qui dépendent du christianisme, avec les procédés dont on se sert et que nous avons examinés plus haut, ne peuvent être des religions tolérables et justes, que si elles sont d'origine divine ; à défaut de cette condition, c'est la plus ridicule et la plus coupable intrigue qu'on ait jamais vue ; or, des preuves comme quoi cette institution est d'essence divine, il n'y en a pas d'autres que les citations que je viens de faire de Mathieu et de Luc et qui nous racontent des rêves et des songes des plus fabuleux. Et l'on viendra me dire que je suis un criminel devant Dieu, de ne pas croire sans arrière-pensée un menteur reconnu, qui m'affirme que des songes sont des faits vrais !!

Oh ! vraiment, je ne sais des deux qui serait le plus fou, entre celui qui dirait que ces choses ne peuvent pas être faussés, et celui qui croirait qu'elles peuvent être vraies. On me dit que la divinité de cette institution se trouve confirmée par les miracles de Jésus. Oui, mais les hommes qui me font connaître les miracles de Jésus sont les mêmes, et les seuls, qui m'ont déjà dit tant de mensonges, j'ai donc de sérieuses raisons pour ne plus y croire. On me dit encore que les miracles qui ont suivi ceux de Jésus, tels que ceux : de Lourde, la Sallette, Paray-le-Monial, etc., prouvent la vérité des évangiles ; oui, mais pour ceux-ci comme pour ceux-là, il ne m'est encore donné que des affirmations sans preuves, et l'on sait si, dans de telles conditions, Don-Quichotte, Bradamante, les quatre fils Aimon, Ovide, Nostradamus, une infinité de sorciers et de sorcières, auraient à notre disposition des miracles à nous faire admirer ; faut-il que je les regarde aussi comme des Dieux ? Un homme qui ressuscite des morts, fait parler des muets, entendre les sourds, courir les montagnes, si qui accomplit tous ces prodiges en les accompagnant de discours où le talent oratoire humilie Cicéron, César, Hortensius, n'est pas fait pour n'être connu qu'd'un Mathieu ou d'un Luc ignorant, qui ne sait pas seulement exprimer ce qu'il dit ; toute la Galliée et Jésus et Mathieu eux-mêmes, avaient entendu parler de César et de Cicéron ; d'où vient que ni Cicéron, ni César n'avaient jamais entendu parler de Jésus, ni de Mathieu ?

A titre de curiosité, analysons maintenant quelques-uns des miracles de Jésus, nous allons suivre, pour cela, Luc, qui nous dit les savoir de la part de ceux qui les ont vus et entendus et après s'en être lui-même exactement renseigné. Luc nous dit une histoire que les autres ne nous disent pas, c'est la naissance de Jean-Baptiste qu'un ange qui apparaît — pas en songe celui-là — aurait apparu à Zacharie pendant qu'il était seul dans le temple, en lui disant que sa prière est exaucée et que sa femme, quoique stérile, aurait un fils appelé Jean, et serait grand devant le seigneur, etc. Ainsi, Luc qui sait de la part de ceux qui ont vu et entendu, nous dit que cela se passait quand Zacharie était seul dans le temple et que, par conséquent, nul ne pouvait le voir ni l'entendre ; à supposer que Zacharie lui-même l'eût dit à Luc, ce qui n'est guère probable, vu qu'il devait être mort quand Luc est né, il faudrait encore savoir si Zacharie n'était pas fou, s'il ne mentait pas, s'il n'était pas victime d'une hallucination et si sa femme était vraiment stérile, toutes choses qu'on ne sait pas.

Au chapitre IV, verset 1, 2, 3, 4, 5, 6, 7, 8, on lit ceci : Jésus fut conduit par l'esprit (le diable) dans le désert où il fut tenté pendant quarante jours et quarante nuits et il ne mangea pas durant tout ce temps; après il eut faim et le diable lui dit : Si tu es le fils de Dieu commande que ces pierres deviennent du pain, et Jésus répondit : Il est écrit que l'homme ne vivra pas de pain mais de toute parole de Dieu. (Avis au budget des cultes) Le diable l'emporte ensuite sur une haute montagne et lui dit : Si tu m'adores, je te donne tous les royaumes que tu vois et qui m'appartiennent. Jésus répond : Fuis-moi, Satan, car il est écrit: Tu adoreras le Seigneur ton Dieu ; Satan ne fuit pas et emporte son Dieu sur une tour, en lui disant : Jette-toi en bas et si tu as des anges, ils te soutiendront. Jésus répond : Tu ne tenteras point le Seigneur ton Dieu.

Voyons, brave M. Luc, est-ce que celui qui a tout vu et tout
entendu et qui vous a exactement renseigné, est resté pendant
quarante jours et quarante nuits dans le desert, sans manger,
pour entendre et voir ce que le diable disait à Jésus et ce que
Jésus répondait au diable ? Est-ce qu'il s'est envolé au haut de
la tour et de la montagne, pour entendre le même dialogue ?

On serait tenté de le croire, si vous n'avertissiez que le diable
et Jésus étaient seuls ; dans ce cas, d'où pouvez-vous savoir ce
qui s'est passé entre eux ; est-ce le Dieu ou le diable qui vous a
renseigné ? Nous savons, et vous en convenez, que Jésus n'a jamais rien écrit — j'ai de la peine à croire qu'il ait su lire —
pour extravagant et audacieux que vous soyez, vous n'oseriez
jamais dire que Jésus-Dieu vous a fait à vous, simple mortel,
une confession générale avant de mourir, d'autant plus que dans
le cours de votre histoire, vous dites que Jésus défendait toujours de parler de ses actions ; il ne peut pas, par conséquent,
s'être vanté d'avoir résisté à Satan dans son excursion au désert.
Vos renseignements, alors, vous viennent nécessairement du
diable ou sinon vous les inventez ; vous parlez souvent de démons qui ont des grands pouvoirs ; après les apparitions en
songe que votre confrère Mathieu nous a racontées, et vos récits
doublement suspects, j'ai une furieuse envie de croire que tous
ces anges dont vous nous parlez, n'étaient que des agents du
diable, au lieu d'envoyés de Dieu, et que c'est là la cause de
tous les mystères que vos livres contiennent, de toutes les contradictions qu'ils soulèvent et de votre impuissance à nous convaincre, car avec Dieu, qui est la lumière-même, comme vous le
dites tant de fois, il ne devrait y avoir ni mystère, ni obscurité.
Le transport de votre Dieu par le diable dans le désert, tend à
rendre cette hypothèse effrayante et démontre presque que vous
n'avez été, dans vos renseignements, que les victimes de cet in-
fernal Satan. Cette supposition pourrait être aussi juste que
toutes vos histoires ; seulement, comme je ne crois pas plus aux
exploits de Belzébuth qu'à ceux de Jésus-Christ, je m'abstien-

drai de jeter ce nouveau bâton dans les roues, déjà pas mal embarrassées, de votre christianisme. Continuons donc philosophiquement notre examen.

Jésus dit aux Pharisiens : Il est plus facile que le ciel et la terre passent, qu'il n'est possible qu'un seul point de la loi soit aboli.

Moïse avait écrit la loi par ordre de Dieu, et cette loi disait : Quand quelqu'un aura pris une femme et qu'il trouvera en elle quelque chose qui ne lui plaira plus, il lui donnera une lettre de divorce et il la renverra. Jésus abolit cette loi, et dit : Quiconque répudie sa femme commet un adultère et quiconque épouse cette femme commet encore un adultère, justement tout le contraire de la loi de Dieu ; or, c'est donc Lui Jésus, qui abolit ce point de la loi ; est-ce que pour cela le ciel et la terre ont passé ?

On pourrait continuer ainsi jusqu'à la fin de ce livre ; mais comme tous les faits de l'Evangile renferment à peu-près les mêmes contradictions et les mêmes doutes, il est inutile d'aller plus loin dans cette critique. On voit forcément et clairement que tout ce que ces hommes font dire à Jésus, est grossier et sot ; essayons de fermer ce chapitre par une conclusion qu'on ne pourra pas accuser d'illogique. Jésus était venu pour instruire le monde entier des volontés de Dieu, afin de sauver le genre humain du péché ; or, ce sont l'Europe, l'Asie, l'Afrique, l'Amérique et l'Océanie, qui forment ensemble le monde ; la Galilée, le seul pays où Jésus se soit montré, le seul pays qu'il a instruit ne forme pas seulement la cent millionnième partie du monde ; je ne vois donc pas pourquoi Jésus, en voulant sauver tout le monde, n'a pas été prêcher dans toute l'Amérique, l'Asie, l'Afrique Centrale, l'Indoustan, l'Australie, la Guinée, la Calédonie, le Pôle-Sud, le Pôle-Nord, etc., etc. Il y a une infinité de peuples qui sont morts et qui meurent tous les jours sans être sauvés, puisqu'ils ignoraient et ils ignorent encore s'il y a eu un Moïse, un Jésus et même un Dieu. Si ces gens-là n'avaient pas besoin des instructions de Jésus pour être sauvés, je ne vois pas qu'ils puissent.en être autrement de nous autres, ou sinon qu'on nous en donne les raisons ; si au contraire ils avaient besoin de nos mystères et de nos grimaces pour être sauvés, Jésus n'était ni Dieu, ni tout-puissant, puisqu'il ignorait qu'il y eût des Américains et qu'il n'a pas sauvé tout ce qu'il voulait sauver. Si Jésus était Dieu, il devait savoir qu'il existait des antropophages qui adoraient le Soleil, la Lune, les Etoiles, etc., il aurait dû aller leur faire connaître le vrai Dieu et leur enseigner les lois qu'il enseignait aux Hébreux. Ou Jésus a laissé volontairement tous les pays inconnus dans l'ignorance, ou il ignorait complètement les peuples qu'il n'a pas instruits. Dans son Evangile il dit à ses Apôtres : Allez, porter la parole de Dieu sur toute la terre et baptisez au nom du Père, du Fils et du Saint-Esprit ; il est donc évident qu'il avait la ferme volonté et le plus grand désir de l'universalité de sa religion et qu'il ne lui a manqué que le pouvoir de le réaliser. Pour qu'il fût vraiment Dieu, il aurait fallu que par une seule de ses volontés il eût instruit et converti, en un instant, tous les peuples de l'univers ; puisqu'il le voulait, ce salut universel, s'il avait été tout-puissant il l'aurait réalisé.

Je ne conçois pas que ni Moïse, qui passait les mers à pieds secs, ni Josué qui arrêtait les soleils qui ne marchaient pas, ni Jésus qui faisait courir les montagnes, n'aient ljamais fait disparaître les glaçons du Pôle-Nord et les fauves des pays sauvages, afin de pouvoir civiliser facilement des gens qui ne demanderaient pas mieux que de n'être plus bêtes, ce qui eût mieux valu, ce me semble, que d'aller massacrer des gens aussi honnêtes que pouvaient l'être les pillards de Moïse, et qui avaient le tort de ne pas céder sans résistance leur propriétés à une armée de voleurs qui les envahissaient.

Aujourd'hui les Pôles Nord et Sud sont encore inconnus, ainsi qu'une grande partie de l'Afrique Centrale et des Amériques ; On voit tous les jours, par des progrès que des explorateurs font dans ces contrées, qu'il y a des gens, jusqu'aujourd'hui ignorés dans l'état de la plus déplorable sauvagerie. Ces êtres ne connaissent ni la Bible, ni l'Evangile ; ce n'est, certes, pas leur faute à eux s'ils n'en ont jamais entendu parler, or, vous prêtres, qui vous dites les ministres de Dieu et qui avez ordre d'aller porter partout ses ordres et ses commandements, vous devriez aller les instruire, baptiser leurs enfants, leur administrer vos sacrements, parler leur langue, leur faire comprendre la vôtre ; tout cela devrait vous être facile, puisque vous avez l'ordre de Dieu tout-puissant de le faire. C'est vraiment étonnant votre situation dans la société, vous différez du commun des mortels par votre liaison à la toute puissance, vous êtes grands et surtout infaillibles par la parole de Dieu et, quand quelque fois vous vous êtes trouvés dans l'occasion, vous n'avez pas plus fait d'effet devant les coups de massues de ces sauvages, que le derniers des matelots, fût-il même le plus incrédule. Dans une tempête, un coup de foudre, au milieu d'un naufrage, tous les fléaux qui sont au-dessus des pouvoirs de l'humanité, votre Dieu n'intervient jamais, et non seulement vous n'avez pas le pouvoir de sauver les pieux du péril, non seulement vous ne pouvez arrêter le désastre mais vous disparaissez bel et bien vous-mêmes dans l'abîme avec vos croix, vos prières et vos chapelets, tout comme le plus petit animal. Vous avouerez, MM. les prêtres, que, dans ces cas, votre pouvoir, quoique infaillibles et représentants du tout-puissant a quelque chose de piteux. Quand des savants qui se munissaient de bonnes cartes géographiques, au lieu de nombreux chapelets, sont parvenus, grâce à leur dévouement à la civilisation à se frayer un passage au milieu des sauvages, quand ils sont parvenus à aplanir les chemins, il s'est trouvé parfois des malheureux religieux qui, se fiant sans doute aux paroles de l'Evangile, se sont hasardés à aller y montrer leur crucifix ; malheureusement pour l'humanité, ils n'ont eu le plus souvent pour résultat que la faveur d'être remerciés à coups de poignards, c'est vraiment fâcheux pour le progrès qu'ils n'aient pas voulu leur faire comprendre qu'ils ne demandaient que le salut de leur âme ; car, d'après l'Evangile, tous les croyants qui veulent bien et qui ne doutent pas, peuvent.

Je ne dis pas cela, croyez-moi, MM. les prêtres, pour le plaisir de railler ces malheureux missionnaires qui sont allés chercher héroïquement la mort, au milieu des brutes et des bandits, dans le noble but d'aller y porter l'instruction civilisatrice : je dis cela parce que vous ne devez pas ignorer cette parole de Jésus-Christ : Ayez la foi en Dieu, car quiconque dira à cette montagne : ôte-toi de là et te jette dans la mer et qui ne doutera point dans son cœur, mais qui croira fermement que ce qu'il dit arrivera ; tout ce qu'il aura dit lui sera accordé (Evangile selon saint Mathieu, chap. 21, vers. 22). Et celle-ci : Allez-vous-en par tout le monde, et prêchez l'Evangile à toute créature humaine; celui qui croira et qui sera baptisé sera sauvé ; mais celui qui ne croira point, sera condamné. Et voici les miracles qui accompagneront ceux qui auront cru : ils chasseront les démons en son nom, ils parleront de nouvelles langues, ils chasseront les serpents ; quand ils auront bu quelque breuvage mortel, il ne leur fera point du mal : ils imposeront les mains sur les malades et les malades seront guéris (Evangile selon saint Marc, chap. 16, vers. 15, 16, 17 et 18). Oui, MM. les prêtres, ces irrévocables paroles de Jésus-Christ sont rapportées dans deux de vos Saints Evangiles. Qu'avez-vous donc à craindre des bêtes fauves avec ces promesses d'un Dieu tout-puissant ?

Il est donc absolument certain que si vous n'allez pas commander aux glaces du Pôle-Nord de fondre, aux anthropophages de prier Dieu, aux montagnes de vous laisser passer, c'est évidemment parce que vous êtes des hypocrites athées, qui ne croyez pas un mot de tout ce que vous enseignez.

Vous ne pouvez pas dire que Jésus-Christ n'a pas dit cela, car vous feriez alors des Evangiles de purs romans et, les Evangiles étant faux, tout le christianisme s'anéantit ; vous ne pouvez pas dire que Jésus-Christ s'est trompé en disant cela, puisque vous affirmez que Dieu ne peut pas se tromper et que le Pape, lui-même, qui n'est que son représentant, est infaillible ; il faut donc que vous avouiez votre hypocrisie, et que vous déclariez que toute votre religion, avec sa Trinité, est une comédie.

Dans le premier cas, celui où vous ne seriez que des hypocrites, je vous engage franchement à croire d'abord et, selon l'effet que fera votre croyance, je verrai si je dois en faire autant ; dans l'autre cas, où votre doctrine ne serait qu'une comédie, j'attends que Dieu vous ait donné une doctrine vraie pour la pratiquer.

Devant toutes ces preuves incontestables de votre fausseté et en attendant que vous ayiez perfectionné votre merveilleuse industrie, de manière qu'elle ne prête plus matière à contestation, j'espère que, pour votre amour-propre, vous voudrez bien, devant l'évidence de votre erreur, montrer la loyauté de vos sentiments et de votre bonne foi, en rendant à qui de droit l'argent qu'elle a jusqu'aujourd'hui déloyalement produit. Votre manière de faire payer des prières et des enterrements ne sera légale et tolérable que le jour où, en recevant le sacrement de l'Ordre, vous aurez acquis toutes les sciences et les pouvoirs que vous a promis et assurés votre Christ ; ce jour là, devant vos prodiges miraculeux, on verra clairement que vous êtes des hommes au-dessus du vulgaire, mais jusqu'à présent, ce n'est pas votre impuissante ignorance, ni les exploits des inquisitions, des Borgia et de vos confrères qui, journellement, se rendent coupables d'attentats à la pudeur et de viols, qui peuvent vous faire considérer comme des représentants de la toute puissante et infinie justice d'un Dieu.

CHAPITRE V.

Du Judaïsme ou religion de Moïse.

Malgré toutes les raisons qui démontrent, par la plus grande logique, que la religion catholique, et tout ce qui a rapport au christianisme, n'est qu'une fable ridicule, une comédie d'argent, il pourrait se trouver des gens à dire que les falsifications qu'on peut avoir fait subir aux Livres Saints n'entraînent pas la non-divinité de la religion. On peut objecter que si Jésus n'est pas Dieu et qu'il n'ait rien dit de ce qu'on lui fait dire, il peut avoir été un prophète comme les autres, que la loi, dans ses principes, est véritablement divine et que la damnation subsiste pour qui n'observera pas les commandements de Dieu. C'est sur cette objection qu'on pourrait faire, et d'autant plus que le christianisme n'est qu'une modification apportée aux anciens livres, que j'ai voulu parler de la religion juive.

La Bible est trop longue pour pouvoir la commenter entièrement ; mon but principal sera de chercher si l'opinion qui fait toute sa force et qui prétend que ses lois ont été données par Dieu à Moïse, est vraie ou fausse.

Je ne parlerai pas des relations qu'auraient eues avec Dieu, David, Salomon, Jacob, etc. Il nous suffira, pour savoir à quoi nous en tenir sur cela, d'apprendre que David, ce roi béni de Dieu et duquel devait sortir le sauveur du monde, ayant vu dans un bain une jolie femme, se met en devoir de faire assassiner son mari, un honnête homme appelé Urie, afin de l'épouser ; que Salomon, cet élu de Dieu, né du mariage sanguinaire de David et de la veuve d'Urie, ne trouve rien de mieux que de faire assassiner son frère Adonias ; que Jacob usurpe le droit d'aînesse de son frère Esaü, par le moyen d'un plat de lentilles qu'il lui présente dans un moment où Esaü était mourant de faim, il vole ensuite hardiment le patrimoine de son beau-père Laban. Des assassins et des voleurs, qu'on prétend être des élus de Dieu et les modèles des hommes, ceci ne demande pas grand'peine pour le réfuter ; la plupart de ces rois de la Bible sont dans le même cas, le vol, le pillage, l'assassinat, se succèdent tout le long de ce livre et toujours au nom de la volonté et de la justice de Dieu. Il y en aura assez de quelques exemples comme cela, pour nous édifier sur la moralité du restant ; je ne pense pas qu'on m'accuse de vouloir fuir la vérité en passant sous silence les trois quarts de la Bible ; il serait d'ailleurs facile, à toute personne qui en aurait la curiosité, de se convaincre par elle-même que, depuis le commencement jusqu'à la fin, les guerres de toutes sortes qu'elle renferme justifient en tous points le court préambule qui précède.

Disons d'abord qu'aucun historien n'a jamais parlé des exploits de Moïse, de Josué, etc.; le vieil Homère, qui célébrait les exploits de Télémaque et d'Ulysse, n'a pas même daigné jeter quelques vers en l'honneur des héros israélites. Voltaire dit que Tacite, le grand historien romain, parle de Moïse, et fait de lui le chef d'une bande de vagabonds qui sortirent d'Egypte pour aller ravager des lieux déserts et mal administrés, où ils exerçaient l'art de la magie. Josèphe, l'historien juif, a parlé souvent de Moïse, mais n'a rien dit de ses exploits miraculeux ; tout ce que l'on sait, sur ce législateur, est donc exclusivement dans la Bible. Voltaire a recueilli beaucoup d'anecdotes sur lui, qu'on peut lire dans le *Dictionnaire philosophique* à l'article Moïse ; mais, malgré le grand talent de Voltaire et la grande autorité de Tacite, nous ne nous arrêterons pas sur leurs renseignements et nous allons examiner, par la Bible elle-même, s'il est probable que Dieu ait donné, ou non, des lois à Moïse sur le mont Sinaï.

Ce qui éveille d'abord mes susceptibilités, c'est qu'ici, comme pour Jésus, les principaux faits se passent toujours quand il n'y a personne pour les voir ; ainsi, Dieu dit à Moïse de monter seul sur la montagne. Moïse, ayant donc fait garder la montagne, monta seul pour recevoir les lois que Dieu lui fit écrire sur les tables de pierre ; malheureusement il resta trop longtemps et les gent du peuple, croyant que cet homme se moquait d'eux, se mirent à adorer leurs anciens dieux, ils se firent des veaux d'or et renièrent celui de Moïse, ce qui prouve que quand ce peuple se décida si vite à ne plus croire à Dieu, c'est qu'il n'avait pas encore eu des preuves convaincantes de sa puissance, contrairement à ce qu'en dit la Bible. Dieu fut très irrité de la prompte faiblesse de son peuple et dit à Moïse (ici je copie textuellement) : J'ai regardé ton peuple ; c'est un peuple d'un cou roide, or, maintenant laisse moi faire et ma colère s'allumera contre eux et je les consumerai et je te ferai devenir une grande nation. Telle est la menace que rapporte la Bible ; cette expression d'un *peuple d'un cou roide* ne me paraît pas trop parlementaire et encore moins divine ; ensuite le : *laisse-moi faire* ferait supposer que Moïse pouvait empêcher Dieu de faire, et quand il dit : « Ma colère s'allumera contre eux et je les consumerai », on voit l'opinion bien arrêtée de Dieu d'exécuter sa menace. Maintenant, voici ce que répond Moïse : « O Eternel, pourquoi ta colère s'allumerait-elle contre ton peuple que tu as retiré du pays d'Egypte avec une grande puissance ? Pourquoi les Egyptiens diraient-ils que tu les as retirés d'Egypte à mauvais desseins pour les tuer dans les montagnes et pour les consumer de dessus la terre ; reviens de l'ardeur de ta colère et te repens de ce mal que tu veux faire à ton peuple. » Alors l'Eternel se repentit du mal qu'il avait dit qu'il ferait à son peuple et Moïse retourna et descendit, etc. (Exode chapitre 32, v. 9).

Voyons sérieusement cet article : il y a là de reste pour anéantir la Bible entière. Dieu veut consumer son peuple, Moïse lui fait comprendre que ce serait-là une chose injuste — ce qui prouve que Dieu ne comprenait pas qu'il préméditait une injustice. — Moïse lui démontre que son peuple l'accuserait de ne l'avoir tiré d'Egypte que pour le faire souffrir dans des mauvais pays et le tuer ensuite impitoyablement — ceci prouve que Dieu, dans son infinie perfection, était moins prévoyant que Moïse, puisque c'est sur la remarque de celui-ci qu'on voit qu'il n'avait pas prévu cette accusation — Moïse invite ensuite Dieu à se repentir de sa menace — ce qui prouve qu'il avait plus d'humanité que le Dieu tout-puissant infiniment bon. — L'Eternel se repent — ce qui prouve qu'il s'était trompé sur son jugement et que Moïse avait plus de raison et de justice que Dieu.

Comment ! Dieu qui est tout parfait, qui sait tout, ne savait pas qu'il faisait une menace injuste en voulant consumer son peuple ! Il faut que Moïse lui démontre son erreur, qu'un simple individu fasse la morale à Dieu, et ce Dieu reconnaît, sur la remarque d'un homme, qu'il s'était trompé sur son jugement et il se repent de l'avoir fait.

Ah ! vraiment, c'est trop fort ! Le pape serait infaillible et Dieu ne le serait pas. Cela est pourtant clairement écrit dans le chapitre 32 du livre qui nous donne les fameux commandements de Dieu, les célèbres tables de la loi.

Moïse aurait fait cette leçon de morale à Dieu, quand il venait de recevoir de lui le suprême code de la législation universelle et divine ; oh ! non vraiment, aux yeux de tout le monde, celui qui a écrit cela, celui qui se vante de relever les mauvais jugements de son Dieu, ne peut être qu'un fou, un absurde imposteur ou le plus vil et le plus misérable des utopistes. Mais, ô fatalité, où en arrivons-nous alors ? Celui-là c'est précisément Moïse lui-même.

L'Eglise ne peut pas désavouer Moïse, elle met en tête de sa doctrine le Décalogue, l'origine du péché par la désobéissance d'Adam et Eve ; elle accepte la création du monde en six jours, le repos du Dimanche, et toutes ces choses ne sont que des récits de celui qui fait des sermons à Dieu.

Il y a mille preuves comme quoi l'Eglise reconnaît que Moïse a reçu les lois de Dieu ; Jésus l'affirme, les Saints l'ont reconnu, et il n'y a que Moïse qui ait inventé les histoires d'où sont sorties la religion actuelle et ses lois.

Ce cas est grave ; il faut qu'on avoue que ce jour-là Dieu était moins parfait que Moïse et dépourvu d'infaillibilité; si l'on dit que Dieu n'a pas tenu ce propos, on fait de Moïse le plus insolent des menteurs.

Si Moïse a menti à cet endroit, j'ai droit de croire qu'il a menti partout. Un menteur avoué ne doit être cru que quand il donne des preuves convaincantes à ce qu'il dit ; il doit être méprisé quand il raconte des faits invraisemblables et incompréhensibles et qu'il dit être seul à les avoir vus. Donc, de cet équivoque, la logique suivante : Si Dieu n'est ni juste, ni bon, ni parfait, je ne dois ni le croire l'auteur de tout, ni le craindre, ni l'adorer ; si Moïse est un menteur, la religion est absurde et n'a aucune raison d'être. Continuons : Dieu écrivit sur les tables de pierre les lois pour son peuple, parmi lesquelles se trouvent celles qui suivent :

« Tu me feras des autels de terre sur lesquels tu sacrifieras
« des holocaustes, des oblations de prospérité, tes brebis et tes
« taureaux — c'est-à-dire qu'il fallait tuer ces bêtes et les faire
« brûler sur l'autel pour que la fumée de la chair et du sang s'en
« allât vers Dieu,ce qui le ferait supposer drôlement sanguinaire,
« — Tu me feras ensuite un autel de pierre que le fer n'ait pas
« touché et sur lequel tu ne monteras pas par degré — par
« escalier — de peur qu'on ne découvre ta nudité en y montant.»

Je demande s'il y a couleur de vérité en ce que Dieu ait ordonné qu'on lui tuât des animaux pour les lui faire brûler sur un autel ? Quels que soient les motifs que l'on donne à ces commandements, si Dieu a créé ces animaux pour qu'on les lui assassine, il n'a en cela fait preuve ni de justice, ni de bonté. Dieu, dans la vraie perfection, ne devrait rien exiger, rien ordonner, rien ambitionner, qui puisse coûter un moment de souffrance, de peine et de liberté aux êtres qu'il a créés ; or, ce n'est pas dans ce passage seul qu'on trouve ces traits de barbarie, c'est à chaque page de la Bible et à propos de tout événement naturel. Ainsi, l'Evangile rapporte que la mère de Jésus alla offrir, pour se purifier, selon la loi des Juifs, deux pigeonneaux en sacrifice au Seigneur. Ceux qui connaissent un peu l'histoire grecque savent qu'on offrait chez eux des sacrifices à leurs dieux fabuleux bien avant que Moïse n'écrivît cela. C'était même plus épouvantable encore, puisqu'ils faisaient parfois des sacrifices humains ; témoin celui d'Iphigénie, si admirablement décrit par Racine. Ces commandements, qui ressentent terriblement la superstition, semblent donner raison à Tacite quand il fait de Moïse un magicien vagabond, et ne confirment guère l'hypothèse qui leur admet une origine divine. Lisez maintenant celui-ci :

« Si tu achètes un esclave hébreux, il te servira six ans, la
« septième année, il sera libre sans payer.

Ainsi, Dieu autorisait, ou plutôt ordonnait le commerce des hommes ; il permettait qu'un individu, qui avait hérité de l'argent de ses pères, pût acheter le malheureux qui n'avait pas le sou pour être attelé à un char, ou ailleurs, à l'égal d'une bête, pendant que son maître, son frère peut-être, irait dormir tranquillement à l'ombre. Quelle excuse peut-on faire à Dieu pour légitimer son infinie justice dans ce commandement ? Dieu, qui faisait tant de miracles pour permettre aux Israélites d'égorger leurs adversaires, ne devait-il pas faire défricher les terres miraculeusement avant de souffrir cette honteuse condition, cette atroce inhumanité qu'il y a dans le commerce des hommes où, deux frères peuvent se trouver ensemble, l'un comme une bête qui est soumise aux caprices de son dompteur, l'autre comme un maître qui a le droit et le pouvoir de torturer son innocente victime ?

« Si quelqu'un vend sa fille pour être esclave, elle ne sortira
« point comme les autres esclaves sortent — c'est-à-dire qu'il
« faudra la racheter pour la rendre libre, — si elle déplaît à
« son maître, qui ne sera pas fiancé avec elle, il aura le droit de
« la revendre, mais à aucun peuple étranger ; mais, s'il l'a fian-
« cée à son fils après en avoir pris une autre pour lui, il faudra

« qu'il ne lui retranche rien de sa nourriture, ni de ses habits, ni
« de son amitié, autrement elle aura droit de s'en aller sans
« payer. »

Ainsi, par ce commandement, celui qui avait d'argent pouvait
acheter la fille de celui qui n'en avait pas, s'en servir et, après
qu'elle ne lui plairait plus, la céder à son fils — ce qui fait que
père et fils pouvaient avoir la même femme — puis, si le maître
ne remplissait pas les conditions prescrites, la femme maltraitée
avait droit de s'en aller sans payer encore le maltraiteur. Je ne
pense pas que quelqu'un, à défaut d'un fou, puisse croire qu'un
Dieu ait fait une pareille législation.

« Celui qui maudira son père ou sa mère sera puni de mort. »

Alors, dans les innombrables cas où les pères ne sont pour
leur fille que des bourreaux, si la fille maudit son père, il faudrait la tuer. S'il est vrai que la clémence est la vertu des grands,
il faut avouer que sous ce rapport Dieu est bien petit.

« Tu ne laisseras point vivre la sorcière.

Il faudrait donc tuer tous ceux, somnambules ou devins, qui
prédisent le présent, le passé et l'avenir ? Quelle douceur pour
un bon Dieu ! !

« Tu ne maudiras point le prince de ton peuple.»

Quand ce prince, pour un caprice qu'il ne m'explique pas,
pour une ambition qui ne me regarde pas, pour une infirmité cé-
rébrale que je ne lui cause pas, pour une aliénation mentale
qu'on ne remarque pas, pour enfin mille cas que je ne cite
pas, se décide à faire égorger, dans une guerre, une famille qui
ne lui doit rien et qui ne lui a rien fait, je dois, selon la loi de
Dieu, adresser non des malédictions, mais des félicitations à cet
insensé. Oui, insensé, car il faut bien se convaincre que toutes
les fois qu'une guerre se déclare, il se commet une monstrueuse
folie ; je mets au défi l'homme le plus habilement judicieux d'expliquer, par une raison juste et nécessairement utile, une décla-
ration de guerre.

« Tu ne favoriseras point le pauvre en son procès. »

Par exemple, la raison de ce commandement est facile à donner, de nos temps où l'argent et les amis sont le plus souvent le poids le plus pesant dans la balance de la justice ; mais quant à sa morale et à sa justice, demandez-la aux Baziles et aux Tartufes modernes, ou à la noble et désintéressée compagnie de Jésus.

« Quand une femme aura son flux en sa chair, elle sera sé-
« parée sept jours et souillée jusqu'au soir, les choses où cette
« femme aura couché seront souillées, celui qui les touchera
« sera souillé et il se lavera dans l'eau. Si qu'lqu'un a habité
« avec elle tellement qu'il ait sur lui de son sang, il sera souillé
« sept jours et tout ce qu'il touchera.»

Si l'on veut savoir le sérieux et la pudeur de ce commandement, on pourra s'adresser à MM. de Germini et Cie, ex-membres
des cercles catholiques de France, actuellement aux prisons cen-
trales et en Calédonie.

Je refuse de citer ceux qui suivent, à cause de leur manque
complet de pudeur ; on peut les lire dans le troisième livre de
Moïse intitulé : le *Lévitique,* au chapitre 15, verset 25 jusqu'au
32. Je saute au verset 33 du même chapitre.

« Telle est aussi la loi pour celle qui est malade de ses mois
« et de toute personne qui perd, soit mâle, soit femelle, et de
« celui qui couche avec celle qui est souillée.»

On voit bien dans ces exemples que Moïse n'était qu'un grossier superstitieux et qu'il est impossible qu'un Dieu se soit mis
à faire des lois si peu utiles, qui n'ont aucun bon sens et dépourvues de pudeur.

« Tu n'accoupleras point tes bêtes avec d'autres de diverses
« espèces.»

Ce commandement est puéril et nuisible, puisque les mulets,
qui proviennent du croisement, sont d'une incontestable
utilité.

« Tu ne sèmeras point ton champ de diverses graines et tu
« ne mettras point sur toi des vêtements tissus de diverses
« sortes de fils, comme du lin et de laine.»

Quelle superstition ! ! Trouvez, s'il vous plaît, le pourquoi de cela.

« Quand un homme aura eu la compagnie d'une femme et « qu'il l'aura déshonorée sans qu'elle lui appartienne, ils au-« ront le fouet tous les deux. »

Est-ce assez ridicule cette fois ?

« Vous ne tondrez point en rond les coins de votre tête et vous « ne gâterez point les coins de votre barbe. »

Bas, stupide, insensé et indigne de la parole de Dieu.

« Pour l'homme qui aura commis adultère avec la femme « d'un autre, on fera mourir l'homme et la femme. »

O sainte humanité, quelle impitoyable justice ! Peut-on croire qu'un Dieu infiniment juste et bon ait fait de lois infiniment injustes et barbares ?

« Quand un homme aura pris pour femme la fille et la mère, « vous les ferez brûler au feu. »

D'une douceur infinie, la volonté de Dieu ; on n'a pas, après cela, le droit de crier contre l'inquisition, contre Borgia, Cromwel, Marat, etc. »

« Quand un homme aura pris pour femme une bête vous le « tuerez, vous tuerez aussi la bête. »

Celui-là est le plus étonnant de tous ; la pauvre bête qui aura été la victime d'un monstre insensé aura mérité la mort. Cette justice est par trop scabreuse.

« Quand un homme aura couché avec une femme qui a ses « mois et qu'il aura découvert sa nudité en découvrant son flux, « ils seront tous les deux punis de mort. »

En voilà de l'humanité, de la douceur, du grand, du parfait, du sublime !!!

« Tu ne découvriras point la nudité de ta tante, si quelqu'un « découvre la honte de sa chair, ils porteront tous deux la peine « de leur crime. »

Sans distinction du coupable et de la victime, du viol et de l'inceste.

« Quand un homme aura pris la femme de son frère, il aura
« découvert la nudité de son frère, c'est une ordure, ils n'auront
« point d'enfants. »

Si Dieu avait vraiment dit cela à Moïse, il faudrait avouer qu'il
aurait menti, puisque nous trouverions des milliers de semblables unions où il y a eu des enfants, aussi bien que dans les autres ; or, comme on n'oserait pas dire que Dieu a menti, on est
obligé d'avouer que le menteur est Moïse.

« Si la fille du sacrificateur commet fornication — si elle con-
« naît un homme — elle souille son père, elle sera brûlée au
« feu. »

Cette fille n'a donc aucune raison d'être, comme les autres,
puisque, si elle veut user de la nature de son sexe, elle est con-
damnée au feu. Quel affreux galimatias de lois !

« Le sacrificateur ne doit épouser qu'une femme qui soit
« vierge. »

Il est plaisant celui-là ; Dieu aurait dû d'abord indiquer au
sacrificateur le moyen de s'assurer de la virginité, car les physiologistes d'aujourd'hui, qui sont à coup sûr plus savants que
ceux du temps de Moïse, ne sont pas encore parvenus à la connaître exactement.

« Tout homme de la postérité d'Aaron qui sera lépreux, qui
« aura touché un mort, qui aura quelque chose de découlant ou
« qui aura une perte, ne mangera point des choses saintes jus-
« qu'à ce qu'il soit purifié. »

Est-ce assez dégoûtant cette fois ?

« Vous sanctifierez l'an cinquantième qui est celui du
« Jubilé. »

Je ne sais pourquoi l'Eglise observe ce commandement, ainsi
que plusieurs d'entr'eux, tandis qu'elle en rejette les trois
quarts, alors que ceux-ci, comme ceux-là, ont une origine commune.

Enfin, je ne veux pas plus en citer ; les amateurs peuvent les
parcourir en entier dans les livres de Moïse qui les renferment

et que mentionne la Bible. La superstition déborde à chaque
page, tantôt indécente, tantôt ridicule, tantôt meurtrière ; Dieu
ajoute à la fin que, si le peuple n'observe pas ses lois, il le fera
déchirer aux bêtes fauves, la terre ne produira plus rien, il fera
que les mères dévoreront leurs filles, il entassera de cadavres
leurs demeures, tout ne sera plus qu'un carnage, les vautours,
les tigres, dévoreront tout. C'est un chaos épouvantable et horrible que Dieu promet au peuple, s'il manque à ses ordonnances ;
il commande de lapider celui qui blasphème en son nom, de
sorte que, s'il fallait exécuter tous les ordres que la Bible attribue à Dieu, la terre ne serait plus qu'une étendue de cadavres ;
ce serait dépasser, en horreur, la plus atroce cannibale qu'on
puisse imaginer. Et, si avec cela nous admettions la toute puissance de Dieu, telle que l'Eglise nous l'affirme, il en résulterait
cet admirable effet que, quand nous faisons mal, quand nous dé-
sobéissons à ses commandements, c'est par sa propre volonté,
c'est lui qui nous le fait faire et qui nous massacre après, en nous
accusant d'avoir eu l'impiété de le faire. Je laisse à des esprits
plus métaphysiques et plus clairvoyants que moi, le soin de dé-
brouiller le mystère de la toute puissance de Dieu et de l'impiété
et l'incrédulité des hommes.

Remarquons maintenant que c'est de la Bible que sont sorties
les religions juive, catholique, protestante, mahométane, etc. ;
que Jésus, Luther, Mahomet ont cru à la divinité des lois bibli-
ques que les catholiques observent encore dans le baptême, vis-
à-vis du péché originel, dans la fête de la Pâque, dans le repos
du dimanche, dans l'encens qu'on brûle à l'autel en signe de sacrifice, et que, par conséquent, ces lois étant fausses, toutes les
religions qui en dépendent le sont également. Il faut remarquer
aussi qu'il n'y a dans le monde aucune preuve de l'authenticité
des exploits de Moïse, ni même de son existence, et que l'on a
prouvé que ce n'était pas lui qui avait écrit les cinq premiers
livres de la Bible ; que la majeure partie de ce que ces livres racontent, a été écrit dans les diverses Mythologies anciennes, bien

avant que la Bible ne fût connue ; enfin, il faut remarquer que rien de ce qui est prédit pour ceux qui ne tiendraient pas compte de ces lois, n'est encore arrivé.

Si, après cette appréciation logique sur le pour et le contre de la divinité des lois du Sinaï, il est encore quelqu'un qui, n'étant ni fou, ni malade, puisse de bonne foi nous affirmer que Dieu a commandé et défendu quelque chose aux hommes, je me fais fort, moi, de prouver que le plus court chemin d'un point à un autre est une ligne courbe, et qu'il n'y a rien de plus triangulaire qu'un cercle parfaitement rond.

Si le lecteur veut encore une preuve que tous les miracles de la Bible ne sont que des romans grossiers et stupides, il n'a qu'à voir cet exemple connu de tous.

Un nommé Josué succéda à Moïse, après sa mort, avec l'ordre de Dieu d'aller conquérir toutes les villes qu'il rencontrerait. Il fit tomber les murs de la ville de Jéricho au son de la trompette, il fit passer au fil de l'épée tous les habitants, femmes, enfants et vieillards, qui s'y trouvaient, il n'epargna qu'une femme publique nommé Raab, qui épousa Booz, duquel on fait descendre Jésus ; il extermina douze mille personnes dans la ville de Haï, après avoir mis tout à feu et à sang. Il se trouva ensuite devant Gabaon, où s'étaient réunis tous les rois voisins pour le combattre ; malgré le grand nombre de leurs adversaires, l'armée de Josué est triomphante, mais la nuit arrive, la victoire est incomplète, alors Josué lève les yeux au ciel et s'écrie, en étendant majestueusement sa main : Soleil, arrête toi ! Et le soleil s'arrêta pour permettre l'extermination complète de l'ennemi.

Je dirai d'abord que Dieu aurait pu faire exterminer l'ennemi à Gabaon, comme il l'avait fait à Haï, en faisant tomber sur eux une pluie de pierres ; ce jour-là, Dieu préféra faire arrêter le soleil pour procurer aux gens de Josué le plaisir de massacrer eux-mêmes ces malheureux, qui avaient l'abominable tort de ne pas se laisser voler leurs biens, sans se défendre, et leur donner en même temps l'agrément de pouvoir contempler de leurs yeux toute l'horreur de ce hideux et sanglant spectacle ; mais ceci, par le fait, ne regarde que la justice et la volonté de Dieu; c'était son plaisir d'arrêter le soleil, nous n'avons pas à discuter son goût. Seulement, ce qu'il nous est permis de discuter, c'est le problème suivant : Deux mille neuf cent soixante ans plus tard, un Allemand, nommé Copernic, osa supposer que le soleil ne marchait pas ; soixante-six ans après, un nommé Galiléo prouve et démontre solennellement que le soleil n'avait jamais marché, et établit le système actuel par lequel la terre tourne autour du soleil, et non pas le soleil autour de la terre.

Comment, ainsi que l'a dit l'Inquisition, voilà un Galiléo qui connaîtrait mieux le mouvement du soleil que celui qui l'a fait et qui le dirige !! Quand, pour exaucer la prière de Josué, Dieu arrête le soleil, il se trouverait un homme assez hardi pour affirmer, impassiblement, que cela est faux, que le soleil ne peut jamais s'être arrêté, par la toute simple raison qu'il n'a jamais marché. Oh ! cela est un peu fort, c'est faire les Ecritures radicalement fausses ou Dieu infailliblement ignorant, ou menteur ; aussi je ne m'étonne pas que Galiléo dût se résigner à aller compter les grains d'un chapelet dans les cachots de l'Inquisition. Eh ! bien, dans ce cachot, le grand homme, à l'aide d'un simple balancier, ne faisait que se convaincre de la réalité de ses affirmations et, au lieu de dire des *Ave*, *Maria*, à des grains de chapelets le pauvre Galiléo répétait machinalement : La terre tourne. La terre eut beau tourner, sans la protection d'un puissant duc, il est fort probable qu'un Sam Bénito lui aurait fait tourner la tête du côté d'un bel auto-da-fé.

Triomphe aujourd'hui, ô Galilée ! il n'y avait que très peu de temps que tu n'étais plus que tes bourreaux reconnaissaient eux-mêmes la justice de ta raison et la sottise de leur savant Josué. Aujourd'hui, ni le Pape, tout infaillible qu'il est, ni Curés, ni Evêques, ne se hasarderaient plus à dire en public que ce n'est pas la terre qui marche, mais le soleil ; tous se rendent à l'évidence. Que faut-il donc faire de Josué et de son exploit so-

laire ? faut-il que le soleil ne marche plus depuis qu'il l'a arrêté ? Mais Galilée assure qu'il n'a jamais marché et Josué affirme
qu'il reprit sa marche après sa victoire ; il faut donc que Moïse
et Josué ne soient que des ignorants quand ils parlent de ce
qu'ils ne connaissent pas, et des insolents menteurs, quand ils
disent que Dieu raisonnait avec eux. Toutes ces grossières absurdités ne sont, par le fait, que des choses très naturelles, si on
se persuade bien qu'il n'y a là ni Dieu, ni diable, et qu'au temps où
elles étaient inventées, l'expérience scientifique n'avait pas encore fait le premier pas ; tout ce qu'il y a d'étonnant dans toutes
ces histoires, c'est que l'Eglise, qui n'a jamais contesté l'exactitude de ces contradictions, qui n'a jamais répondu aux nombreuses et claires sommations de la critique, qui continue à pratiquer son commerce dans la pleine conscience de son absurdité,
et en en acceptant toute la culpabilité, puisse trouver encore de
l'argent à empocher et des gens toujours assez bons, assez sots,
pour se laisser faire ; voilà la seule chose qu'il soit permis de ne
pas comprendre.

Si les ignorants auteurs de la Bible étaient nés quelques mille
ans plus tard, ils n'auraient pas écrit que la pluie, étant tombée
pendant quarante jours et quarante nuits, fit monter les eaux
par-dessus les plus hautes montagnes et causa ce déluge de Noé,
qu'on a encore la puérilité d'apprendre dans les écoles aux
jeunes enfants, probablement pour leur servir d'introduction à
l'étude expérimentale de la physique ; ils auraient su qu'il pourrait pleuvoir cent ans de suite, sans que, pour cela, l'Océan pût
changer de place ; ils auraient appris que l'eau qui tombe sur la
terre n'est autre que celle qui s'élève, sous forme de nuages et
qui monte dans l'air, en sorte que, s'il en tombe beaucoup, c'est
qu'il en est beaucoup monté et que, par conséquent, étant toujours la même eau qui fait le va-et-vient de la terre au ciel et du
ciel à la terre, toutes les pluies du monde, durassent-elles perpétuellement, ne modifieraient en rien la stabilité des mers.

Mais, va-t-on me dire, toutes les sciences admettent que le déluge a réellement existé. Oui, assurément, il y a eu déluge ou, pour nous exprimer d'une manière plus exacte, submersion d'eau, et si Moïse le savait, vous pouvez être certain que ce n'était pas Dieu qui le lui avait appris, ni sa science géologique, pour laquelle il était aussi ignorant qu'en physique et en astronomie, mais il le savait parce que toutes les Mythologies des anciens en avaient toujours parlé.

Les Chaldéens dirent que Xixouthros, averti en songe — on voit que Mathieu n'a pas même l'avantage d'être l'inventeur de ces apparitions et qu'il n'a fait, en cela, que des copies — que le genre humain serait détruit par un déluge, reçoit l'ordre de construire un grand navire, d'y entrer lui et sa famille avec les provisions nécessaires, et, quand il fut enfermé, la terre s'inonda ; le navire s'arrêta ensuite sur une grande montagne, le roi en sortit avec sa femme et disparut. Sa famille ne l'ayant jamais plus revu, le mit au rang des dieux. Cela serait arrivé, selon la Mythologie Chaldéenne, 700 ans avant celui de Noé. On voit qu'il n'y a pas beaucoup de différence de ce déluge à celui de la Bible.

Les Indiens ont leur déluge qui serait arrivé, selon leur Mythologie, trois millions d'années avant celui des Hébreux. C'est un Dieu changé en poisson qui l'annonce à Satiavetra et lui commande d'enfermer un couple de chaque espèce d'animaux et des plantes dans un grand navire, après quoi, l'eau couvrirait la terre.

Les Mexicains, les Chinois ont eu aussi leur déluge ; il est donc certain que ce désastre a eu lieu. La science géologique n'a pu encore en préciser la date, on donne des probabilités fondées sur les divisions irrégulières et accidentelles des couches du sol, mais il n'y a rien de certain ; tout ce qu'on peut assurer, c'est que la date de celui de Noé est infailliblement fausse et la preuve, c'est que le cycle historique des Chinois remonte sans interruption jusqu'à l'an deux mille six cent quatre-vingt-dix avant Jésus-Christ ; c'est-à-dire que quand le déluge de Noé serait arrivé, il y avait déjà trois cent cinquante ans que les Chinois avaient commencé à écrire leur date et que, comme ils n'ont pas eu d'interruption, il faut nécessairement que la Bible soit dans l'erreur. Quant aux causes qui ont produit le déluge, la science admet plusieurs hypothèses, mais il est bien entendu que, dans le nombre, celle de la Bible ne s'y trouve pas, puisque nous avons démontré qu'elle ne pouvait pas être.

Selon Mathieu (de la Drôme), un déplacement de l'atmosphère, qu'il appelle un flux et reflux atmosphérique, aurait pu produire ce cataclysme ; d'autres prétendent que ce fait est dû à l'approche d'une comète ; d'autres l'attribuent à un soulèvement du sol, par une éruption des matières incandescentes de l'intérieur de la terre. Je crois l'opinion de Mathieu (de la Drôme) la plus probable.

Je pense que ce qui précède aura suffisamment mis en garde le lecteur contre toutes les prétendues révélations divines de Moïse, Josué, Jésus, etc., etc. Nous pouvons donc examiner, à titre de curiosité et profondément convaincus de son erreur, le point de la Bible qui touche de bien près à la religion actuelle, celui de la création du monde.

Nous avons vu, dès le commencement de cet ouvrage, que tous les peuples ont parlé de cette question bien avant que Moïse ne parlât d'Adam ; nous pouvons donc nous persuader à l'avance qu'il n'y a, dans ce chapitre, que des copies des Mythologies anciennes ; néanmoins, comme l'explication qu'en donne la Bible est adoptée par la religion catholique et qu'elle est la source de nos conditions sociales, au point de vue religieux, nous allons nous efforcer de l'étudier à fond et avec le plus de clarté qu'il nous sera possible de le faire.

CHAPITRE VI.

Du Créateur et de la Création

AU POINT DE VUE RELIGIEUX.

La religion catholique se conforme aux écrits de la Bible, pour ce qui concerne la création du monde ; elle admet les six jours de travail et le repos du septième, l'origine du péché et des souffrances du genre humain, par la désobéissance d'Adam et Eve, etc., etc. Je ferai donc remarquer, encore une fois, que s'il est faux que l'histoire de la création se soit passée telle que l'apprend la Bible, s'il n'y a aucune raison sérieuse pour que cette désobéissance ne soit pas une fable, toutes les religions dépendantes de l'ancien Testament se trouvent une fois de plus démolies. En effet, sans la culpabilité d'Adam et Eve la corruption du peuple et les malheurs dont il souffre ne seraient que des crimes à imputer à Dieu, le déluge de Noé n'aurait plus sa raison d'être, la venue du Christ serait une puérilité. Il y a donc une importance capitale à démontrer clairement, et sans contestations possibles, l'erreur manifeste et la fausseté évidente de la Bible dans la question présente.

La première ligne de la Bible est celle-ci : Dieu créa le ciel et la terre... (1) Arrêtons-nous un moment-là. Avant que Dieu eût créé le ciel et la terre, rien n'existait ; le néant était sans forme et l'espace vide. Soit, rien n'existait mais Dieu qui existait de toute éternité, où, à quel endroit existait-il, pour créer le ciel et la terre ?

Ce n'est pas à la religion, cette fois, que nous posons cette question ; elle n'a jamais su définir un seul de ses problèmes, une seule de ses raisons ; depuis longtemps elle ne répond plus aux innom-

(1) Voir à la fin note 5.

brables questions qui l'écrasent et l'encombrent de toute part ;
ce silence n'est pas causé par la dignité de sa conviction, non,
mais elle ne répond plus, parce qu'elle n'a rien à répondre ; elle
se tait, parce qu'elle préfère accepter lâchement le rôle d'hypocrite et de société de fainéants, parce que ses membres préfèrent
souffrir toutes les hontes, toutes les injures qu'attirent leur paresse et leur hypocrisie, plutôt que d'avouer qu'ils ont menti et
qu'ils mentent, plutôt que de se plier au travail pour aider au développement de l'industrie et et du progrès. Vaincus par l'évidence, ils se renferment dans un mutisme systématique qui,
pour lâche et déshonorant qu'il soit, leur est encore moins pé-
nible que de faloir laisser l'orgueil, les richesses et le pouvoir
qu'ils ambitionnent avec une avidité si gloutonne et si basse,
qu'elle a enfin fini par mettre au jour toute la dissimulation et
la ridicule de leur ignominieuse doctrine. Ce sera donc désormais
à l'intelligence et à la raison de tous que nous nous adresserons.

Que Dieu soit corps ou matière, gaz ou esprit, il faut que ce
qu'on appelle Dieu, se trouve quelque part pour pouvoir exister ; car s'il n'était nulle part, ce serait dire qu'il n'existe pas.
L'endroit où Dieu était, quand il créa le ciel et la terre, est nécessairement, quelque chose ; que ce quelque chose soit des
ténèbres, d'air, n'importe ce qu'on voudra, il faut que ces ténèbres, cet air, soient formés de quelque chose et qu'ils occupent
une place en un lieu quelconque. Figurons-nous que les ténèbres dont parle la Bible soient dans l'espace, dans ce que nous
voyons quand nos yeux ne rencontrent ni les astres, ni les nuages, ni rien de ce qu'il y a sur la terre, et que le soleil n'existant pas, toute cette étendue soit sombre, de manière que les ténèbres soient la substance de cet espace ; l'espace, tout sombre
que nous voudrons nous le figurer, n'en existera pas moins et
sera formé, quand même, par quelque chose ; ce sombre, que
appelons Noir, nous démontre lui-même, qu'il est substance et
qu'il tient un lieu, une étendue. Si Dieu a toujours été dans
l'espace, l'espace, a toujours été avec Dieu ; donc, puisque c'est à

cet espace, cette étendue, que nous appelons et qu'on a toujours appelé le Ciel, il est évident que le Ciel ne peut pas avoir été créé par Dieu. Il faut bien se convaincre que le mot vide ne signifie rien et, qu'absolument, rien ne peut être vide.

Supposez, par exemple, qu'au-dessus d'une quinzaine de lieues d'épaisseur nous ne trouvions plus d'air et figurons-nous être à cette hauteur, à l'endroit où l'air finit ; il est évident que nos yeux trouveront encore quelque chose au-dessus de l'air. Tout ce que vous pourriez imaginer pour empêcher qu'au-dessus de l'air il n'y eût quelque chose, serait lui-même le quelque chose que vous voudriez empêcher ; n'importe la hauteur que vous voudrez imaginer, il y aura toujours, au-dessus, une étendue qui ne peut être vide, parce que, pour exister, il faut qu'elle soit formée de quelque chose. L'espace, c'est l'infini sans bornes ni limites possibles, et cet infini, je le répète, ne peut être vide. Voltaire et d'autres ont beau me dire qu'il est reconnu que tout mouvement dans le plein est impossible, j'ose néanmoins protester et fournir la preuve du contraire. Prenez une bouteille de verre très fort ou de cuivre, et mettez-y dedans une balle de plomb ; remplissez ensuite la bouteille avec de l'eau, au point de la faire verser, prenez alors un bouchon de cuivre ou de verre qui ferme bien juste et frappez sur le bouchon de manière à comprimer l'eau au point de faire éclater la bouteille. Il n'y aura personne, je suppose, à dire que la bouteille n'est pas pleine ; du reste de quoi serait le vide ? Eh bien, si vous renversez la bouteille de haut en bas, la balle tombe ; donc, dans le plein, tout corps plus lourd que le milieu dans lequel il se trouve peut se mouvoir. Comment cela se fait ? Je l'ignore, mais je le constate. L'espace est donc un composé et une étendue que Dieu ne peut pas avoir créé ; nous reviendrons plus loin sur les conséquences de cette démonstration. Suivons la Bible.

« Le premier jour Dieu dit : Que la lumière soit et la lumière
« fut ; il nomma la lumière Jour et les ténèbres Nuit. — Remar-
« quez-bien que ceci est le premier jour.

« Le second jour il sépara la terre d'avec les eaux.

« Le troisième jour il fit les plantes et les arbres.

« Le quatrième jour il fit le soleil, la lune et les étoiles qu'il
« mit dans le ciel.

Ainsi, le soleil et tous les autres astres ont été faits trois jours
après la lumière, ce qui constate évidemment, d'après la Bible,
que la lumière est absolument indépendante des rayons du soleil
et des autres astres. En termes plus simples, que la lumière existe
sans foyer lumineux.

Tout le monde sait, aujourd'hui, que quand il n'y a ni le soleil,
ni la lune qui nous soient visibles, il n'y a pas de lumière ; dans
une cave où aucun rayon ne peut pénétrer, il y fait toujours
noir.

On ne peut concevoir de lumière sans une combustion, ou
quelque chose qui donne ou reflète des rayons lumineux La raison pour laquelle on a écrit cette sottise est toute simple, on
ignorait la physique et on aura fait cette réflexion : Le jour arrive
avant que le soleil se lève et la nuit vient après qu'il a disparu ;
donc, le jour et la nuit doivent être indépendants du soleil.

Naïfs, une simple expérience aurait pu les désabuser de leur
confiance à l'apparence ; ils n'avaient qu'à faire communiquer
deux chambres obscures par un trou pratiqué au mur vertical
qui les sépare, à la hauteur de deux mètres, allumer ensuite un
feu dans l'une des deux chambres et aller se placer dans l'autre ;
ils auraient vu alors que, malgré que le feu n'aurait pu s'apercevoir, la chambre aurait été éclairée, parce que les rayons lumineux passaient d'une chambre à l'autre par le trou qui leur donnait communication.

Le soleil fait la même chose, les rayons qu'il nous envoie avant
qu'il nous soit visible, ont traversé l'espace et se sont dispersés
partout où ils ont pu s'introduire. L'angle qui part de nous au
soleil et à l'horizon est toujours un angle droit ou aigu ; le jour
sera plus ou moins grand selon que cet angle sera plus ou moins
droit, le plus fort du jour est celui où le soleil forme un angle

droit, c'est-à-dire quand il se trouve en ligne verticale au-dessus de notre tête ; la nuit sera également plus ou moins grande selon que le soleil nous sera plus ou moins directement opposé.

Il en est de même de la chambre, qui donnera plus ou moins de lumière dans l'autre, selon que le feu sera plus ou moins éloigné du mur, parce que plus les rayons arrivent directement, moins ils perdent de leur force et de leur clarté. Moïse ignorait tout cela, il ne pouvait par conséquent pas se l'expliquer ; il ne pouvait savoir, au temps où il vivait, si l'air était un milieu de transmission aux rayons lumineux ; mais ce qu'il y a de certain, c'est que, si Dieu lui avait révélé la création, il l'aurait fait plus savamment, d'une manière plus infailliblement juste.

Quant aux astres, on sait parfaitement qu'il y en a de milliards d'années plus vieux les uns que les autres ; il en naît et il en meurt tous les jours ; or, comme il ne se trouve plus ni pape, ni évêques, ni curés, ni même le plus ignorant des ignorantins qui soutienne encore que les astres ont tous été faits le même jour, il est certain que c'est encore Moïse et sa Bible qui mentent.

« Le cinquième jour Dieu fit les poissons et tous les « animaux.»

Je voudrais bien savoir pourquoi il fit des ouran-goutangs qui nous ressemblent, des singes qui nous grimacent, des lions, des serpents, des tigres, des fauves de toute sorte, qui nous dévorent. On pourrait répondre à cela comme un vieux brave homme qui me faisait la classe, nommé M. Calvière, un jour que, sur son hypothèse que tout ce qui existe doit être utile, je lui demandai en quoi les hirondelles étaient nécessaires ; il me répondit : A manger les mouches et les moucherons. Mais, lui dis-je, s'il faut des hirondelles pour manger les mouches et les moucherons, vous convenez donc avec moi que ces derniers sont complètement inutiles, puisque vous trouvez bon qu'on les détruise ? Du tout, reprit-il, ils sont au contraire utiles et même indispensables, parce qu'ils servent de nourriture aux hirondelles. Si l'on juge ce genre d'explication logique, je me rends.

« Le sixième jour Dieu fit l'homme à son image et à sa res-
« semblance. »

Je n'ai jamais vu Dieu, je ne peux donc pas savoir s'il est vrai
ou non qu'il m'ait fait à sa ressemblance, mais l'homme qui me
l'assure, qui prétend lui avoir parlé et qui était construit comme
moi, m'affirme que Dieu est un pur esprit, qu'il n'a ni corps, ni
couleur, ni figure. Je ne sais quelle folie a pris cet homme de
venir nous dire que nous ressemblons à Dieu, nous, qui avons
un corps, une couleur, une figure et qui sommes parfaitement
visibles ; je ne sais trop quelle chose possible pourrait ressem-
bler à Dieu, si ce n'est le néant. Il serait plus concevable qu'il
nous eût fait à la ressemblance des singes, puisqu'ils ont été créés
avant nous, ou plutôt, je croirai qu'il n'a tout bonnement fait
que perfectionner le singe. Il y a vraiment de quoi se décourager
à critiquer sérieusement de pareilles absurdités, et, si on ne savait que des milliers de pièces d'or tombent journellement de
la main des ignorants dans la caisse de ceux qui les exploitent,
nous ne serions pas allés si loin ; continuons donc avec pa-
tience.

Après ces immenses travaux, Dieu allait se reposer, quand il
s'aperçut qu'il lui restait encore du travail à faire ; en effet, tous
les êtres vivants avaient leur femme et l'homme n'en avait pas,
probablement, comme il n'en avait pas lui-même, il avait pensé
en premier lieu que l'homme n'en avait pas besoin. O bon Dieu !
eussiez-vous toujours pensé ainsi et la fatale pomme n'aurait
jamais été mangée ; hélas ! il en fut autrement : pendant qu'A-
dam dormait, Dieu lui tira une côte et lui fit une femme de cela.
Je ne sais si c'est par hasard, ou à dessein, qu'il l'a fit gourmande,
capricieuse et séduisante, mais le fait est qu'elle était ainsi et
malheureusement pour nous, comme vous le verrez.

Disons d'abord que les enfants d'Adam n'ont pas une côte de
moins que les filles d'Eve ; mais, voici ce qui va le plus embar-
rasser les chefs de la religion et leurs partisans. Les hommes que
Dieu a faits sont dans la dernière des imperfections ; sujets à tou-

tes sortes de maladie, exposés à la fureur de toute sorte d'animaux, dans l'obligation de travailler la terre pour qu'elle les nourrisse, et, ce qu'il y a de plus affreux, qu'ils sont tous condamnés à une peine atroce et terrible qu'on appelle la Mort, encore prétend-on que ce n'est pas la dernière et qu'il faudra souffrir plus tard encore après la mort. Créer des gens pour leur faire subir constamment toute sorte de souffrance, — il n'y a aucun exemple qu'un homme n'ait à se plaindre de rien durant sa vie, pour courte qu'elle soit — les condamner infailliblement tous à la plus barbare et la plus odieuse des peines : la Mort, puis, après la mort, les faire ressouffrir ; cela me paraît bien criminel et peu digne de me faire aimer celui qui en est l'auteur. N'avoir jamais été, ce n'est rien ; mais avoir été et ne plus être, c'est ce qu'on peut imaginer de plus affreux et de plus horrible, et l'on prétend, pour comble de malheur sans doute, que Dieu n'a donné aux animaux, qui n'ont pas le tiers de nos souffrances, que l'instinct nécessaire à leur vie, de sorte qu'ils n'ont pas la faculté de comprendre leur situation dans la vie sociale et qu'ils ignorent complétement les misères de l'humanité, tandis qu'à nous, il nous aurait donné une intelligence qui nous permettrait de comprendre et d'apprécier toute l'étendue de notre infortune, en sorte que les jours de bonheur que nous aurions fussent toujours empoisonnés par l'appréhension de leurs terribles lendemains. Maintenant, figurez-vous que celui qui a fait tous ces « malheureux combles » avait la toute puissance pour tout faire et l'infinie perfection pour tout rendre parfait, et nous verrons si vous ne serez pas obligés d'avouer, comme moi, que Dieu a commis un crime de *lèse-humanité* quand il a créé les *humains*.

La religion, qui ne peut nier que Dieu étant infiniment bon, puissant et parfait, aurait dû faire les hommes éternellement heureux, me dit que si nous sommes malheureux, c'est notre faute. Voici comment :

« Dieu dit à Adam et Ève : Tous les bonheurs vous appartien-
« nent ; mangez de tout ce que vous voudrez excepté d'un tel

« arbre, qui est l'arbre de la science du bien et du mal, car si
« vous en mangez, vous mourrez de *mort*. Or, un serpent qui
« parlait — il n'en existe plus de ceux-là ; il faut croire que Dieu,
« en esprit prévoyant, avait fait celui-là pour la circonstance —
« vint trouver la femme et l'engagea à manger du fruit défendu,
« elle se laissa tenter et vint après séduire son mari, qui en
« mangea comme elle ; alors ils eurent honte et connurent qu'ils
« étaient nus et se cachèrent ; mais Dieu appela Adam et lui de-
« manda pourquoi il avait désobéi. Celui-ci s'excusa sur sa femme,
« sa femme s'excusa sur le serpent et celui-ci ne fut pas ques-
« tionné. — On ne dit pas pourquoi, malgré qu'il avait le pre-
« mier tort ayant fait la première tentation. — Alors Dieu dit au
« serpent : Puisque tu as trompé la femme, tu seras maudit de
« tous les animaux, la femme t'écrasera la tête et tu la mordras
« au talon et tu ramperas toute ta vie sur ton ventre. — Sur quoi
« rampait-il donc, avant de tromper la femme, puisque on ne lui
« avait donné ni des pattes ni des ailes ? Sauf qu'il rampât sur son
« dos, mais en ce cas la peine n'eût pas été plus grande. Dieu dit
« ensuite à la femme : Tu enfanteras dans la douleur, ton mari
« te dominera et vous mourrez tous les deux, ainsi que toute
« votre postérité. »

Dans ce cas, qu'on me dise pourquoi les animaux femelles
qui n'ont pas mangé de la pomme — les chiens, les chats, par
exemple — enfantent aussi dans la douleur ? Si on me dit qu'ils
ont hérité de la malédiction, je demanderai pourquoi ils n'ont
pas hérité de la honte de leur péché, car les animaux ne paraissent nullement se formaliser s'ils sont nus ou couverts ? Qu'on
me dise pourquoi il est des femmes qui commandent hardiment
à leur mari ? Pourquoi la reine d'Angleterre commande et domine à elle seule plusieurs millions d'hommes ? Comment se
fait-il que la femme, au lieu d'écraser la tête du serpent, en a
toujours une peur furieuse et qu'il arrive, au contraire, en Afri-

que principalement, que des serpents étranglent des femmes ? Voilà bien des pourquoi qui attendent des explications. Continuons avec la Bible :

« Dieu dit à Adam : Puisque tu as écouté la femme que je t'a-
« vais donnée — pour l'écouter probablement — la terre sera
« maudite à cause de toi, elle produira des épines et des char-
« dons. — Quand Dieu dit cela, il devait ignorer, assurément,
« qu'un jour les chardons se vendraient 50 fr. les 100 kilog. —
« Tu mangeras ton pain à la sueur de ton front. »

Voilà pourquoi, malgré la bonté infinie de Dieu, tous les hommes sont malheureux ; cependant celui qui, comme moi, ne croit pas à cette origine de nos maux et qui se trouve plus malheureux que bien d'autres, a droit de se plaindre de la justice de Dieu, car, n'étant en rien dans la prétendue désobéissance d'Adam, ce n'est certes pas juste qu'il en supporte les conséquences. On me répond que, si nos premiers parents nous avaient fait héritiers de tous les bonheurs possibles par leur obéissance et leur vertu, nous aurions accepté cet héritage quoique ne l'ayant pas gagné, et que, par conséquent, nous n'avons pas à nous plaindre de l'existence qu'ils nous ont faite. Que celui qui fait bien trouve bien, je le conçois ; que celui qui fait mal trouve mal, je l'admets ; mais, que celui qui fait bien trouve mal et celui qui fait mal trouve bien, cela je ne l'admets pas du tout et je le regarde comme infiniment injuste. La vraie, la seule justice, est celle qui donne à chacun selon son mérite, mais Dieu ne sera ni bon, ni juste, quand il fera dépendre l'innocence et la sagesse d'un fils des fautes de son père.

Si Dieu avait réellement voulu faire l'homme heureux, il l'aurait fait par sa toute puissance ; s'il ne l'a pas fait et qu'il eût la volonté de le faire, il n'est pas tout-puissant ; s'il n'a pas voulu le faire et qu'il eût pu, il a été méchant et injuste ; il n'y a pas de contestations possibles à cette vérité. Ensuite si Dieu avait voulu que l'homme fût heureux, il ne lui aurait fait aucun commandement, en ne lui défendant rien, en trouvant bon tout ce que l'homme pouvait faire, il était certain qu'il n'aurait jamais pu lui désobéir, donc, quand Dieu a fait l'arbre de la science du bien et du mal, il a prémédité nos malheurs. Un nommé Charles Féron, évêque de Clermont, répond à cela par l'explication suivante : Dieu voulant donner à l'homme un motif pour lui marquer sa fidélité, lui fit un commandement qui consistait à ne point manger des fruits de l'un des arbres du jardin. Pardon, M. l'évêque, mais je suis obligé de vous dire que vous faites justement et infiniment erreur ; en lui faisant un commandement, il est incontestable que Dieu a donné à l'homme le motif de pouvoir lui désobéir. Nous ne pouvons juger de la fidélité que par la possibilité de l'infidélité ; or, Dieu qui connaît nos plus secrètes pensées, savait fort bien que l'homme succomberait à l'épreuve, et, s'il n'avait pas voulu qu'il y succombât, il ne l'aurait pas éprouvé. Vous avez beau, monsieur Féron, être évêque, fussiez-vous cardinalisé, pape même, vous ne ferez jamais que ce raisonnement ne soit d'une incontestable logique ; que cela vous contrarie, c'est possible, mais, le fait est tel, et, bon gré mal gré, il faut quand même se rendre à l'évidence.

Je veux encore une fois, messieurs les défenseurs et les membres de l'église, vous faire juge vous-même de votre mauvaise foi et de votre erreur ; je suppose ceci : J'ai un fils qui a toute mon affection, mon unique désir serait de le voir comblé de tous les plaisirs et éternellement heureux ; à cet effet je lui donne tous mes biens, toute ma fortune ; seulement, pour lui donner un sujet de reconnaissance, pour voir s'il me sera fidèle, je lui défends de toucher à l'assiette de fraises qu'il aime beaucoup et que je lui mets devant sa table, il achètera tout ce qu'il voudra, il mangera de tout, mais s'il touche aux fraises je le tue ; cette recommandation faite, j'arme un fusil, je me cache à son insu et je guette de loin ses mouvements. L'enfant, qui a de quoi acheter des fraises tant qu'il en voudra, ne regarde pas seulement celles qui sont défendues ; alors, comme je le sais très amoureux et d'un caractère faible, je lui fais venir cette jeune fille faible, capricieuse, envieuse et séduisante à l'excès, qui est aimée du jeune homme et je la lui donne pour compagne ; celle-ci ne se plaît qu'à causer, et à s'amuser avec son compagnon sans remarquer les fraises; alors je vais lui chercher une perruche qui parle admirablement bien et à qui j'ai appris à dire : Ah ! les jolies fraises, ah ! les bonnes fraises. Et, la jeune fille qui a une envie furieuse de juger des paroles de la perruche ne se contient plus, elle veut les fraises et elle en mange, puis elle en offre à son amant, qui les refuse ; mais elle est si séduisante, elle est tant aimée, puis elle le prie avec des caresses et une grâce si adorable, que le pauvre jeune homme, fou d'amour, ne voit plus ce qu'il fait, c'est pour elle, pour sa bien-aimée, qu'il mange les fraises. Aussitôt deux coups de feu partent et étendent morts la jeune fille et son compagnon.

Celui qui m'a vu exécuter ce manège pousse aussitôt ce cri : Oh ! l'assassin ! Pas du tout, répondrai-je impassiblement à celui-là, je suis infiniment bon et juste, je les avais prévenus ; s'ils n'avaient pas désobéi je ne les aurais pas tués. Mais, bandit, me répond l'autre, est-ce qu'on punit de la sorte pour si peu ? Et, puis, il ne fallait pas lui mettre les fraises devant les yeux ; il ne fallait pas envoyer ce démon de tentation de jeune fille qui était si jolie, si séduisante, qui savait si bien s'y prendre pour le gagner ; il ne fallait pas envoyer cette perruche ; il ne fallait pas apprendre à cette perruche à venir chanter tout le temps : Ah ! les jolies fraises ! Ah ! les bonnes fraises ! Enfin, il fallait au moins, tuer d'abord la perruche, qui avait les torts principaux pour, qu'elle ne recommençât plus sa tentation une autre fois. Eh ! bien, supposez, avec cela, que je savais parfaitement le degré de faiblesse des jeunes gens et que je connaissais d'avance le résultat de l'épreuve, croyez-vous, messieurs les prêtres, que j'aurais été, infiniment bon, juste et parfait dans ce cas ? J'attends votre réponse.

Le cas d'Adam est exactement le même. Pourquoi Dieu n'a-t-il pas donné à Adam un caractère assez fort pour pouvoir résister à sa femme ? Pourquoi n'a-t-il pas donné à Ève un caractère assez

fort pour résister au serpent ? Pourquoi a-t-il fait le serpent ?
Pourquoi le serpent était-il un démon malin ? Pourquoi Dieu a-
t-il fait les démons ? Pourquoi a-t-il défendu la pomme ? Pourquoi a-t-il permis que le serpent tentât la femme et enfin, pourquoi n'a-t-il pas exterminé tous les démons qui, selon la religion,
ont toujours continué à nous tenter ?

Voilà bien des questions fort simples et très claires qui attendent des réponses que je désespère de recevoir, fussent-elles
même fort obscures et très compliquées. Si Dieu a envoyé le serpent pour éprouver l'homme, c'est évidemment qu'il ne savait pas
si le commandement qu'il avait fait serait tenu ou oublié ; dans
ce cas, Dieu n'a pas toutes les perfections, puisqu'il ne connais-
sait pas les sentiments d'Adam. S'il est vrai qu'il est le directeur
de tout et qu'il sait tout, l'histoire du fruit défendu ne serait
qu'une comédie de marionnettes dont celui qui tenait les ficelles
était Dieu.

Dieu dit à Adam et Eve quand ils furent créés : Croissez et
multipliez. Si la préméditation de la mort n'avait pas été dans
l'intention de Dieu, il n'aurait pas créé qu'un seul couple humain ; je suppose qu'Adam n'eût pas désobéi et que la mort n'eût
pas existé, depuis ce temps les hommes ne pourraient plus aller
sur la terre, même en les empilant les uns sur les autres, inutile
de dire que la vie y serait impossible. Si Dieu n'avait réellement
pas prévu la mort, il aurait créé un nombre déterminé d'hommes
et de femmes, de manière qu'il ne pût ni s'augmenter, ni diminuer, par la naissance et la mort. On peut objecter à cela que
Dieu pouvait, par sa toute puissance, arrêter les naissances au
moment nécessaire ou pourvoir aux besoins de la vie par un
moyen quelconque ; mais c'est toujours la même histoire, par
cette toute-puissance, il pouvait empêcher aussi la tentation du
fruit défendu et tous les maux qui ont ravagé la terre jusqu'à ce
jour. D'une manière ou de l'autre, Dieu est coupable s'il est

tout-puissant, de n'avoir pas fait rien que le bien, ou sinon, la Bible est un amas de mensonges et nous n'avons plus de Dieu autre que celui qu'il plaira aux philosophes de supposer.

Quant à la fameuse condamnation : « tu mangeras ton pain à la sueur de ton front et tu seras obligé de travailler la terre pour qu'elle te nourrisse », on peut dire qu'elle s'est bien mal réalisée. Je voudrais bien savoir si l'évêque de Clermont s'est cassé quelquefois les côtes pour aller cultiver le blé qui lui donne du pain ; qu'il ait sué pour rédiger son *Abrégé d'Histoire Sainte*, c'est possible, mais qu'il ait tombé une seule goutte de sueur pour gagner sa nourriture, j'ai le droit d'en douter, et, en tous cas ce ne serait pas en travaillant la terre. Les cardinaux, papes, archevêques, prêtres, rois, empereurs, princes, ducs, comtes, rentiers et bourgeois qui ont des valets en quantité pour les servir, desservir, porter, rapporter, promener en voiture, les habiller, déshabiller, etc., etc., ne me paraissent pas travailler souvent la terre et surtout suer beaucoup pour gagner leur pain ; cette calamité ne serait éprouvée que par une moitié du genre humain qui n'a souvent que le tort d'être victime de l'injustice ou de la force brutale de l'autre moitié. Est-ce encore de l'infinie justice d'un Dieu ?

Que les premiers humains connurent qu'ils étaient nus quand ils eurent péché et que ce soit là l'origine de la honte de la chair, c'est encore une fausseté. Dans l'Indoustan, à vingt lieues de Calcuta, on peut voir encore des hommes qui sont nus et qui n'en connaissent aucune honte ; dans l'Afrique, il y a des femmes qui ne couvrent de leurs corps que la tête, des sauvages de l'Amérique, entre les terres du Missouri et de la nouvelle Californie, qui n'ont jamais connu, ni homme ni femme, la mode de vêtir leur corps ; il faut donc que tous ces êtres ne descendent pas d'Adam, ou que l'origine du péché racontée par la Bible soit encore une fable.

Il est inutile d'aller plus loin dans ces démentis, mille preuves incontestables, mille raisons logiques attestent la fausseté des Saintes Écritures et par là, de leur religion ; il n'y a pour l'affirmative que des absurdités, des raisons puériles contredites par elles-mêmes. Dieu n'est absolument en rien dans les romans appelés Bible et Évangiles, et je pense qu'après cette courte étude, toute personne qui voudra juger impartialement et sans fanatisme le pour et le contre de mes raisonnements, avouera que les religions ne sont que des trucs de commerce, que les religieux en font un métier pour vivre et un moyen de dominer, mais qu'ils se moquent de l'intelligence des uns et de l'ignorance des autres, quand ils viennent sérieusement nous parler des miracles de Jésus, Moïse, Josué et autres.

CHAPITRE VII.

La religion est-elle utile quoique fausse ?

Il est certaines fables dont on ne saurait contester l'utilité, telles sont celles de La Fontaine, Florian, Ésope, etc.

Nous croyons le contraire pour celles que nous étudions ici et dont Voltaire n'a pas craint, tout en regardant les religions comme des fables, de leur attribuer une utilité morale. Certains philosophes, et généralement tous ceux qui y croient, prétendent que la religion catholique nous a conduits à l'état de civilisation où nous sommes et qu'à ce titre, serait-elle fausse, elle n'en est pas moins nécessaire.

Je conteste son utilité au point de vue moral ; je la nie hardiment au point de vue scientifique et, non seulement de ne lui reconnaître aucune utilité, j'affirme, sans crainte, qu'elle est nuisible à tous points de vue. Tout le monde sait que Galilée a été mis au cachot inquisitorial pour avoir dit que le soleil ne marchait pas ; dans ce cas la religion a été nuisible à la science. Qui nous dit que si Copernic n'a fait que laisser apercevoir cette découverte, ce n'est pas que, n'ayant pas le courage de Galilée, les tortures de l'Inquisition l'aient effrayé ; encore un retard que la religion peut avoir causé au progrès.

Il est certain que les inventions religieuses de la Bible ont beaucoup exercé d'influence sur les études antropologiques et les discussions qui se sont engagées au sujet de l'unité de l'espèce humaine.

L'influence que peut exercer une tradition sur une opinion à juger n'est pas un fait de la volonté ; cette influence agit forcément par l'impression, dans la mémoire de la tradition adoptée. Dans mille cas, tels que ceux de la création de l'homme, des astres, du déluge, etc., la religion a pu pendant longtemps entraver les travaux des naturalistes, astronomes, géologues, physiciens etc., et causer ainsi un retard infini à la science et au progrès.

On peut répondre que, tout ayant besoin d'un point de départ, la religion peut avoir donné lieu à beaucoup de recherches qui n'eussent pas été faites, si elle n'avait pas donné les premières idées. Ce raisonnement pourrait être juste, si la religion avait donné toute liberté à la discussion et si elle ne s'était pas prétendue infaillible ; les inventions qu'elle soutient ne sont pas tirées des études contemplatives des phénomènes de la nature, elles ne sortent que de l'imagination. La philosophie et la science, si elles ne nous donnent pas toujours des produits de l'expérience, ont cela de bon au moins, qu'elles sont fondées sur l'étude naturelle de la vie et des mœurs de l'humanité dans les questions qui nous intéressent, tandis que les traditions religieuses ne sont, comme nous l'avons vu, que l'œuvre d'une imagination métaphysique, qui ne se souciait pas de remarquer si les mentions qui y étaient faites concordaient avec les actes de la nature.

Toute religion entraîne un fanatisme sans raison, une contestation sans égard aux évidences contraires, quand elle prétend être d'origine divine, alors que l'on fait Dieu tout puissant et tout parfait. Le jour où l'Eglise a déclaré que le pape était infaillible, elle a commis, contre la conscience de l'humanité, le crime le plus grand qu'il était possible de commettre. La liberté de conscience ayant aujourd'hui assez de force, dans la protection de l'Etat, pour vaincre les disciples du misérable quand-même, l'infaillibilité de la religion est impuissante à imposer sa prétendue certitude, mais s'il arrivait qu'un jour les luttes sourdes et silencieuses que les religieux dirigent contre les pouvoirs publics vinssent à triompher, irait-on faire entendre raison d'une chose contraire à leurs fables à des hommes qui prétendent ne pas pouvoir se tromper ? Eh ! bien, supposons que la religion soit civilement et spirituellment souveraine, et qu'un savant quelconque vienne à découvrir le secret de la création sans le secours d'un Dieu, et qu'il prouve, par la descendance de la race animale, l'origine de l'homme, croit-on que la religion dirait loyalement : Oui, c'est vrai, nous savions que nous étions dans l'erreur quand nous faisions payer des baptêmes, des enterrements, des messes pour les âmes du Purgatoire, nous avouons que notre religion était une comédie dont le produit servait à faire la guerre à Garibaldi et Cie, et nous convenons que nous ne confessions vos femmes que pour le plaisir de les voir et de savoir ce que vous leur disiez, franchement, croit-on que la religion aurait cette loyauté, ou que le malheureux savant aurait le sort de Galilée ? Inutile de faire la réponse, elle est connue.

A onze ans, on me donnait tous les jours quatre pages du catéchisme à apprendre par cœur ; à douze ans je le récitais tout ainsi qu'une grande partie de l'Histoire Sainte ; à quinze ans j'ignorais encore la table de multiplication, et à dix-huit ans je commençais à comprendre la Grammaire. Si le catéchisme et l'Histoire Sainte ne m'avaient pas été ordonnés, il est malheureusement trop certain que mon maître les aurait remplacés par l'arithmétique, ou tout autre livre classique, et que je l'aurais appris aussi bien que ce que j'apprenais le catéchisme ; donc, puisque l'Histoire Sainte et le catéchisme ne peuvent rien m'apprendre d'utile, vu que ce ne sont que des erreurs, il est incontestable que la religion a retardé de beaucoup mon éducation, elle a rempli mon cerveau d'idées fausses qui m'ont été préjudiciables ensuite à la connaissance des idées vraies. Ce qui m'est arrivé à moi, doit être également arrivé à mes collègues ; ce qui est arrivé dans mon école, qui était laïque, doit être arrivé à plus forte raison, dans les écoles religieuses et cela dans tous les pays qui ont la même religion que celle qu'on m'avait donnée, ce qui constitue un nombre de plusieurs milliers de jeunes gens qui ont perdu, et qui perdent toujours quatre ou cinq ans d'intelligence par la faute de la religion. Le retard que cela occasionne au progrès est infiniment plus grand qu'on ne le suppose. Pour être juste, nous devons dire qu'il y a aujourd'hui des établissements religieux qui ne négligent pas l'instruction scientifique. Dans les grandes villes où ils sont en lutte contre les universités de l'État, ils ne négligent rien pour être au niveau de l'enseignement laïque : mais qu'on aille un peu voir ce qui se passe dans toutes les petites communes de France, dans ces écoles appelées : Ecole Chrétiennes des frères, et l'on comprendra à quel degré le catéchisme et l'Histoire Sainte sont incarnés dans le cerveau des jeunes écoliers.

La civilisation n'est pas le produit d'aucune maxime, ni d'aucune doctrine, ni d'aucune croyance, elle n'est le produit que du temps et de l'expérience ; rien ne peut accélérer le temps ; il n'y a que la science qui, en accélérant par l'expérience le résultat que peut donner le temps, peut déterminer un progrès plus rapide dans la civilisation ; or, la religion, en étant un obstacle à la science, devient incontestablement un obstacle indirect à la civilisation.

Il y a des gens qui me disent que la religion a des mœurs, des maximes, dont la sagesse et l'humanité peuvent suppléer, vis-à-vis du progrès et la de civilisation, au retard qu'elle peut occasionner à la science. Je viens de démontrer qu'au point de vue théorique, la religion est nuisible directement à la science et indirectement à la civilisation ; au point de vue pratique, il n'est guère probable qu'elle soit d'une plus grande nécessité. La douceur des mœurs des hommes et la sagesse de leur intelligence ne sont pas, comme je l'ai dit plus haut, l'effet d'une opinion, d'une doctrine, ni d'une maxime ; elles sont le résultat de la nature qui se modifie plus ou moins, suivant le degré de science et de temps.

Il y a dans les pires des sauvages, des caractères bons, d'une grande loyauté et doués de sentiments très justes, de même qu'on trouve chez les peuples les plus civilisés des caractères sans affection, méchants, barbares, des véritables brutes ; en tout cela, les religions n'y sont pour rien ; Spinosa, Straton, Atticus, Saint-Lambert, Lamettrie, Montaigne, Épicure, Bayle, etc., etc., qui n'étaient pas religieux et qui ne croyaient pas même à Dieu, étaient assurément des hommes dont les mœurs avaient plus de douceur et de sagesse que Ravaillac, Jean Châtel, Jacques Clément, le pape Borgia, etc., qui étaient des hommes très religieux, ce qui ne les a pas empêchés d'être des assassins, tandis que les autres ont été d'une bonté exemplaire.

La langue ne fait que répéter les maximes, tandis que les bras exécutent les volontés de la nature de l'homme. Cette nature, il faut tâcher qu'elle soit bonne, elle ne fera pas des actions mauvaises ; mais si vous la faites mauvaise, vous ne réussirez pas à lui faire exécuter de bonnes actions et, puisqu'il n'y a que la science qui active l'expérience, il faut bien se convaincre qu'il n'y a que l'éducation qui fait la nature de l'homme.

La religion ne sera jamais morale et civilisatrice tant que ses vues seront portées sur l'ambition de la domination. L'ambition du pouvoir est le plus grand fléau de l'humanité.

C'est pour cette domination que la religion a mis le poignard aux mains de Ravaillac pour tuer Henri IV, c'est pour le même but qu'elle a donné le couteau au moine Jeacques Clément pour assassiner Henri III ; c'est encore pour le même motif que l'abbé St-Bernard et Pierre l'Hermite ont fait prendre l'épée au comte de Flandre, à Godefroi de Bouillon et à Louis IX, pour aller massacrer, sous les murs de Tunis, de Jérusalem, de Damiette, des milliers de pauvres innocents sous le prétexte de la dernière des puérilités : la délivrance de la Terre Sainte.

C'est pour la domination que l'Eglise catholique a fait brûler vifs, ou mourir de froid dans les cachots, des milliers de pauvres et riches citoyens pendant les époques épouvantables des inquisitions d'Espagne, de Portugal et de Venise.

Si le principe moral existait chez vous, messieurs les chefs de l'Eglise catholique, vous restitueriez les biens que vos évêques inquisiteurs ont volés aux gens qui, pour avoir dit que l'Inquisition n'était pas une loi de Dieu, se voyaient condamnés à avoir leurs biens confisqués au profit du denier de St-Pierre, et vous indemniseriez les familles des malheureux qui ont été brûlés vivants, sur une place publique, pour avoir mangé du lard un jour plutôt que l'autre.

C'est encore, et toujours pour la domination, que, dans la nuit du 24 août 1872, jour de la St-Barthélemy, vos fervents catholiques ont poignardé, dans leur lit, des milliers d'honnêtes gens pour la fameuse raison qu'ils n'étaient pas de votre opinion. Cet horrible carnage vous défend à jamais de parler de civilisation.

Quand, pour l'orgueil d'être roi de Rome, le pape Pie IX livrait, sous Mentana, l'attaque qui écrasa quelques mille soldats, il n'accomplissait pas un acte de civilisation. Les efforts incessants que l'Eglise catholique fait pour reconquérir cette royauté n'amèneraient pas, s'ils aboutissaient, un degré plus grand de civilisation, puisqu'ils entraîneraient de nouveau le carnage. Les croisades, les guerres de toutes sortes que l'Eglise a faites, celles qu'elle tente, toujours de faire, ne sont pas des œuvres de civilisation, car la guerre est le fléau qui lui est le plus directement opposé.

On me dira encore que ce ne sont là que des projets généraux et que, si la résistance n'était pas faite, si la contestation, qui les oblige à recourir à la force, n'avait pas lieu, l'ensemble serait bon et civilisateur. Si nous étions tous de la même opinion, si la volonté d'un était celle de tous, assurément tout irait bien.

La religion catholique triomphante et approuvée, sur toutes ses volontés, par toute la terre entière, ne penserait probablement pas à aller faire la guerre à la lune ; mais dans ce cas toutes les religions en feraient tout autant et, si nous jugeons comme bien et mal ce que nous comprenons aujourd'hui comme tel, il me sera permis de croire que la toute-puissance de Zoroastre, ou de *Confucius*, serait plus civilisatrice et plus morale que celle du pape Alexandre VI, ou de ses infaillibles confrères cités à la note 1.

Si les prêtres, qui prétendent que leur doctrine vient de Dieu, n'étaient pas des hommes comme les autres, si, une fois sacrés il n'y avait plus chez eux ni faiblesse, ni vice, on ne contesterait pas un moment l'utilité de leur domination, mais quand on a vu des papes qui, dans toute leur sainteté, incendiaient des pays entiers pour pouvoir être rois, quand on a connu l'Inquisition, la Saint-Barthélemy, les Croisades, etc.; quand on sait que le pape Alexandre VI faisait assassiner ses enfants pour avoir seul l'honneur de coucher avec ses filles, quand on les a vus faire fleurir le brigandage et le libertinage au plus haut degré, soit par les exploits bien connus des Jésuites, soit par la statistique des tribunaux qui constatent chez eux, dans la proportion du nombre, les deux tiers de plus d'attentats à la pudeur que chez les laïques, on n'a plus guère de dispositions, après cela, à croire que la nature de ces hommes diffère, par plus de sainteté et de moralité, de la nature des autres hommes.

La religion, me dit-on, ne conseille jamais le mal. Il n'y a

personne, même parmi les plus célèbres bandits, qui conseille
le mal ; un criminel peut vous donner parfois, je dirai même
souvent, des conseils meilleurs et plus justes que le plus
honnête homme.

Le conseil au mal est toujours déguisé sous la perspective
d'un bien prétendu ; il n'est l'exemple d'aucun homme qui ait
donné à un autre un conseil au mal analogue à celui-ci : Va à tel
endroit trouver cet homme, si juste qu'il mériterait de ne jamais
mourir, et tue-le ! Le principe de la religion est de convertir le
monde à sa doctrine *infaillible* ; j'ignore si ceux qui adoptent
cette infaillibilité y sont sincères, ou s'il y mettent de l'hypocrisie, le chapitre précédent, que nous avons étudié, fait supposer
que la moitié des adoptants est hypocrite, l'autre moitié stupide,
mais de quelle manière que les religieux l'entendent, ils poursuivent également tous le but qui tend à faire triompher leur
doctrine ; cette doctrine étant reconnue fausse et mauvaise, la
religion est nettement inutile, ou plutôt évidemment nuisible.

L'instituteur laïque, dans sa profession est indépendant et n'a
pour but que d'apprendre à son élève les connaissances scientifiques qu'il possède ; c'est un ouvrier qui travaille pour gagner
sa vie, il ne vise qu'à accomplir son ouvrage et après, il ne s'occupe plus des conséquences qu'il peut avoir. L'instituteur religieux, au contraire, est un membre d'un gouvernement, son but
ne se borne pas à l'éducation de son élève, il tâche en plus de le
convaincre à sa manière de voir; il veut encore fortifier une fac-
tion, un parti, il veut que l'éducation de cet élève puisse servir
à sa politique.

Le maître laïque est un artisan, le maître religieux est un
partisan ; l'un apprend ce qu'il sait, l'autre impose ce qu'il
pense.

Si l'instituteur religieux ne donnait à son élève que des avis,
sans faire de sa religion un parti de gouvernement, l'écolier
aurait encore la faculté d'appréciation et pourrait accepter ou
repousser, dans son esprit, les opinions du maître, selon qu'elles

lui paraîtraient bonnes ou mauvaises ; mais personne n'ignore que la religion, dans son prétendu devoir de convertir le monde et dans son principe d'infaillibilité, est avant tout une école prosélytique. Elle ne demande pas à ses élèves s'il leur paraît juste que le pape soit roi de Rome, si l'on doit payer pour les âmes du Purgatoire, etc., elle fait entendre qu'il le faut absolument, que tout ce qui tend à l'empêcher est criminel et que l'on doit se sacrifier soi-même plutôt que d'abandonner ces droits et ces devoirs. Avec eux, il n'y a plus de liberté de conscience, nul n'a le droit de discuter une chose qui ne lui paraît pas très-claire et l'élève qui se permet la moindre observation est immédiatement puni. Toutes ces théories-là, qu'on ne remarque guère parce que l'on a la force, ne paraissent pas dangereuses et elles ont, cependant, des grands résultats dans les questions sociales les plus importantes ; car il est évident que si l'élève restait soumis aux idées de son maître, il serait révolutionnaire naturellement et conspirerait, par devoir, contre les lois qui nous gouvernent.

S'il est utile qu'il laisse de côté les idées qu'il a apprises, il est incontestable qu'il était nuisible de les lui apprendre.

Je préviens ceux qui pourraient m'accuser de ne faire qu'une question de parti qu'ils seraient complètement dans l'erreur ; je ne regarde que le but dans chaque opinion ; si le but religieux me paraissait préférable, comme fond de morale et de progrès, à l'enseignement laïque et athée, j'examinerais si le mal qu'il faudrait faire, pour le faire triompher, serait moindre que le bien que produirait son triomphe, et je l'accepterais loyalement ; mais quand il est reconnu que la religion est fausse et que son but est nuisible, on ne doit pas hésiter à la déclarer coupable et à la battre en brèche par tous les moyens que l'on a.

Dans la question religieuse, au point de vue de l'utilité morale, il y a encore une chose à remarquer, c'est que, en France, nous avons au moins quatre-vingt mille hommes religieux qui ne professent aucune industrie, pour pouvoir se rendre utile à la vie de leurs concitoyens ; la moitié de ce nombre vit de mondicité en quêtant, soit en public, soit dans les Eglises; l'autre moitié vit, soit en faisant payer des messes qui ne devraient pas l'être, soit en se faisant donner de l'argent pour les âmes du purgatoire, quand ils ne savent pas s'il existe des âmes nécessiteuses et quand ils savent qu'il n'y a nulle part de purgatoire. Ce bataillon, ou plutôt cette armée, qui vit sans rien faire, aux dépens du travail des malheureux, si elle était occupée à défricher une terre, ou à faire marcher des usines, rendrait un véritable service à la population et ne démoraliserait plus les jeunes intelligences.

Non-seulement de n'être pas utiles à la société, d'être nuisibles à la science, ces hommes sont encore inutiles à la vie. Par un fanatisme inconcevable, ces religieux veulent se contraindre à la loi de la reproduction et par un hasard désastreux, ils sont continuellement exposés, plus qu'un autre, à la tentation d'user de ce droit naturel.

Qu'arrive-t-il entre la contrainte et la tentation ? Il arrive ce qui ne peut manquer d'arriver, l'explosion. L'union des sexes n'est pas l'effet d'un art, ni d'une habitude, ni d'une opinion, elle est l'effet de la nature. Toute personne qui n'a pas une imperfection de constitution, un défaut d'organe, ressent, à l'âge voulu, un besoin, une volonté irrésistible de satisfaire à la loi de la reproduction. La nature a ses lois immuables et éternelles, qui sont souveraines.

Toutes les folles imaginations des hommes ne parviendront jamais à faire prendre une autre route à l'astre qui les porte, c'est une vraie impossibilité. Toutes les contraintes insensées des hommes religieux ne parviendront jamais à empêcher la nature d'agir; au moment où ils mépriseront la stupidité de l'amour sensuel, ils se féliciteront, malgré eux, d'avoir l'occasion d'en jouir ; c'est puéril, c'est stupide, c'est drôle, tout ce que l'on voudra, mais c'est impérieux. Il faut, pour s'y soustraire, avoir recours à des puérilités plus grandes encore et contre-nature, ou à des barbaries. Cette barbarie, à laquelle se soumettent les misérables eunuques, les saints religieux ne s'y soumettent pas, il faut alors qu'ils soient plus puérils que la nature, ou plus féroces, il n'y a pas d'autres chemins possibles.

Nos lois actuelles sont telles, que les religieux ne peuvent pas user de leur droit naturel tout en satisfaisant, à la fois, à leur doctrine et à nos mœurs. S'ils violent leur contrainte, ils déshonorent la femme qui accepte de partager leur passion ; s'ils ne la violent pas cette contrainte, ils sont obligés d'employer des moyens ridicules et insuffisants pour modérer l'ardeur de leur besoin ; mais un jour ils n'auront pas la liberté de se procurer une femme, l'autre fois celle-ci reculera devant la responsabilité qu'elle assume, le fanatique est dégoûté des moyens qu'il emploie pour se contraindre, l'envie devient furieuse ; elle déborde. Ce n'est plus alors le déshonneur qu'il commet, c'est l'infamie ; ce n'est plus une femme qui cache la faute de sa folie, c'est une enfant qui révèle sa monstruosité. La barbarie a remplacé le ridicule : le viol a suppléé à l'adultère. Voilà pourquoi journellement, on voit des viols, des attentats à la pudeur commis par des religieux.

Ainsi, jusqu'à la reproduction, ce devoir auquel tous les êtres vivants se soumettent, bêtes ou gens de tous les pays, ces fanatiques eunuques s'y refusent et, s'ils y coopèrent, c'est aux dépens de l'honneur et de la pudeur publique. Voilà toute l'utilité de la religion catholique.

CHAPITRE VIII.

De Dieu et de son influence.

Tout le monde me dit que je suis forcé de reconnaître un Dieu, que je ne puis pas prouver qu'il n'y en pas et que reconnaître un Dieu, c'est admettre que la religion peut être dans le vrai.

J'ai consacré un chapitre à démontrer que les lois, que la religion prétend tenir de Dieu, étaient trop absurdes et trop injustes pour qu'elles puissent être authentiques ; mais si nous admettions la toute-puissance de Dieu, tout ce que jai dit, jusqu'à présent, ne prouverait rien contre la religion. Voltaire a beau s'attaquer aux miracles, aux songes divins, au mystère de la Sainte-Trinité, s'il admet la toute-puissance d'un Dieu, il a tort de combattre la religion ; surtout en admettant que l'âme est d'origine divine. Quand on a dit Dieu, on a tout dit ; puisque rien ne lui est impossible, c'est dire assez clair que tout peut être par lui. Ainsi, dans la question d'Adam et Eve, on peut dire que Dieu a voulu expliquer de cette manière l'origine du mal, pour satisfaire notre curiosité et nous apprendre que la désobéissance conduit au malheur. On peut dire qu'il a expliqué ainsi la création du monde pour exciter notre esprit à la recherche, on peut même assurer que cette explication est exacte, mais que Dieu nous donne des apparences et des illusions contraires, pour nous laisser le plaisir d'occuper notre esprit et de nous réjouir de nos prétendues découvertes. On peut invoquer le genre d'explication que l'on voudra, avec la toute-puissance de Dieu elles pourront toutes être vraies. il n'y a plus d'impossibilité, plus rien d'inadmissible.

Ne pouvant donner une preuve matérielle que Dieu n'existe pas, j'ai tenté plusieurs fois de laisser de côté, sans plus m'en occuper, toutes les absurdités religieuses, de donner loyalement raison à toutes les religions, si un fait ne venait prouver qu'elles ont toutes tort.

Oui, par la toute-puissance de Dieu, tous les mystères peuvent être vrais ; mais il y a une chose qui n'est un mystère pour personne et qui ne s'accorde pas avec cette toute-puissance.

Le mal existe réellement et, puisque Dieu est tout puissant, il pouvait l'empêcher d'exister ; s'il a pu et qu'il ne l'ait pas fait, il n'y a pas d'autres méchants que lui ; ce n'est plus un culte d'adoration que nous lui devons dans ce cas, c'est une haine uni-

verselle qu'il mérite ; les religions, par ce fait, n'ont donc plus
de raison d'être ; s'il a voulu empêcher le mal et qu'il ne l'ait
pas fait, sa toute-puissance disparaît et notre critique sur les religions et ses mystères demeure juste et logique.

Voici un aumônier qui confesse un assassin qui va monter sur
l'échafaud — ici une comédie, par exemple, où les hommes
me paraissent des véritables marionnettes, qui ont le pouvoir de
se faire danser mutuellement — cet aumônier se met à faire cette
prière, ou à peu près : «Mon Dieu, pardonnez aux fautes de ce
pauvre pécheur et daignez accorder votre miséricorde à son sin-
cère repentir, faites qu'il soit béni, etc.» Si Dieu peut tout faire,
il pouvait empêcher le crime de s'accomplir, il pouvait retenir
la main du meurtrier au moment où il allait le commettre ; s'il
ne l'a pas fait, c'est qu'il a trouvé bon que cela fût ; or,
je ne comprend pas qu'un aumônier aille prier Dieu de pardonner à ses propres actions ; cet homme prétend donc encore
avoir plus de justice que son Dieu infiniment juste. Fous que
vous êtes, MM. les aumôniers, ne comprenez-vous donc pas,
que si Dieu n'a pas voulu empêcher la main de cet homme d'en
tuer un autre, tout en étant tout puissant et juste, c'est qu'il a des
projets que je connais pas, ni vous non plus, et que ce crime qu'il
laisse se commettre, est évidemment utile à sa justice à lui. Voilà
des juges, c'est-à-dire ceux d'entre les hommes qui prétendent
avoir le plus de bon sens, et qui me disent : Vous êtes inculpé
d'avoir commis un crime, avouez votre faute et jurez devant Dieu
— on appelle jurer devant un Dieu, en cour d'assises, l'acte par
lequel vous levez la main devant un morceau de plâtre ou de
bois sculpté — que vous direz la vérité. Je réponds aux juges
qu'il est vrai que j'ai commis le crime en question, mais que,
comme Dieu m'a donné la pensée de le faire et la force d'exécuter, par mes mouvements, la résolution de ma pensée, je n'ai
rien à expliquer ne sachant pas pourquoi Dieu m'avait fait penser de la sorte, qu'en tout cas je ne peux avoir fait qu'une chose
utile, puisque c'est avec la permission d'un Dieu tout puissant et

juste que je l'ai faite. Alors le juge, d'un air tranquille, me dit imperturbablement : La Cour vous condamne à être exécuté sur une telle place publique. Ahuri, stupéfait de ce que j'entends, je m'écrie machinalement : Mais quoi, l'on me tue parce que j'ai fait ce que celui qui peut tout m'a fait faire ! Est-ce que je me suis fabriqué ma cervelle, moi ? Est-ce que j'y ai mis les idées qu'elle contient ? Est-ce que c'est ma faute si j'ai une cervelle qui ne pense pas comme celle des juges ?

On me dit qu'il y a un Dieu tout-puissant qui fait de moi tout ce qu'il veut, qui me donne les idées que j'ai, puis, quand ces idées me font faire des choses mal faites, au lieu de s'en prendre à celui qui me les fournit, on me punit, moi, qui ne peut faire autrement que de les avoir, et on appelle cela, justice, c'est-à-dire chose bien faite et utile à faire ; ensuite, pour comble de raillerie, un prêtre vient dire, quand je vais mourir : Mon Dieu, nous savons que c'est toi qui fais tout, mais je te prie de pardonner au crime que tu as fait faire, ta bonté est si grande qu'elle voudra bien excuser les mauvaises actions de tes volontés toute-puissantes. Voilà à quoi se réduit cette comédie du prêtre, du juge, de l'assassin et de Dieu. Ce serait assez drôle si le drame, au lieu d'être réel, était, comme dans toutes les comédies, de la fiction ; s'il y a quelqu'un qui veuille prouver que ce que je dis là n'est pas exact, je prouverai que la circonférence d'un cercle a moins de parcours que son diamètre.

J'ai connu un juré qui me disait, chaque fois que la conversation tombait sur ce sujet, que j'irais en enfer ; il me disait que Dieu dirige tout et qu'il était dans les bras de Jeanne-d'Arc, quand elle délivra Orléans — sans expliquer pourquoi il n'était pas dans les bras des Anglais contre les Français — et quand je répondais à ce juré que, par la même raison, Dieu devait se trouver dans les bras de Ravaillac quand il assassina Henri IV, mon homme protestait que c'était le diable.

Tout cela ne serait que ridicule si le juré en question avait eu voix délibérative au tribunal du purgatoire, mais quand je pense qu'il avait le droit de dire, dans une cour d'assises : Je veux qu'un tel homme meure, je ne puis me défendre d'un horrible frisson.

Voltaire, sur cette question, me paraît aussi drôle que l'aumônier avec ses prières ; il me dit, dans son commentaire sur Mallebranche, que Dieu est inséparable de toute la nature; il me le repète dans cette phrase de son *Dictionnaire philosophique* que je copie textuellement : La matière de l'univers appartient à Dieu tout autant que les idées et les idées tout autant que la matière. Dire que quelque chose est hors de lui, ce serait dire que quelque chose est hors de l'infini. Dieu étant le principe universel de toutes choses, toutes choses existent en lui et par lui. — Après m'avoir tant dit que tout ce qui se fait est fait par Dieu, Voltaire s'écrie : On me dit que Dieu qui pouvait tout faire pouvait empêcher le mal; prenez garde, mes amis, s'il a pu et qu'il ne l'ait pas fait, vous faites Dieu persécuteur, méchant, bourreau. Le mal existe nécessairement et Dieu n'a pu l'empêcher.

Ainsi, Dieu fait tout, rien ne peut se faire sans lui, puis le mal ce n'est pas lui qui le fait, le mal existe parce qu'il est nécessaire et Dieu n'a pu l'empêcher ; débrouillez donc cette énigme ! Celui qui me dit cela s'appelle Voltaire ; que faut-il alors que je vous dise, moi, chers lecteurs ; hélas essayons toujours.

Tous les philosophes déistes me mettent en avant cet argument : Des millions d'astres courent avec une rapidité vertigineuse dans tous les sens et, depuis des milliards de siècles que cela dure, aucun ne s'est choqué, pas de brouille, pas de chaos, toujours une régularité parfaite, une paix perpétuelle règne parmi eux, il faut bien une main habile qui les dirige, il faut bien qu'il y ait un Dieu. Eh bien ! soit, un Dieu dirige les astres. Je suppose un moment que sur ces astres il n'y ait pas des êtres vivants et qu'il ne puisse jamais y en avoir, cette paix régulière ne serait plus utile ; aux rochers, que leur importe le chaos ; qu'importe que tout se brise, quand il n'y a personne qui puisse en souffrir. Quand les pierres se heurtent, elles ne souffrent pas ; donc, Dieu n'aurait réglé le mouvement des astres que pour la sécurité de leurs habitants, alors pourquoi n'a-t-il pas réglé le mouvement de ces habitants qui se heurtent et se choquent sans cesse ?

Eh ! quoi, Dieu aurait établi pour nous une merveilleuse harmonie dans tous ces mondes qui courent l'espace, et puis chez nous, dans ces petits êtres qui se meuvent à peine sur ces astres, rien n'est plus en paix, tout se heurte, tout se brouille, tout se détruit ; c'est le chaos perpétuel. En quoi était-il utile d'empêcher le chaos dans le ciel pour ne pas l'empêcher sur la terre ? Je dirai donc à ces philosophes, assez orgueilleux pour prétendre que tous ces mondes, qui roulent dans l'espace, n'ont une marche régulière que parce qu'ils sont là, eux, que si Dieu a été d'une admirable prévoyance dans la grande mécanique céleste, il a été d'une incroyable maladresse dans notre détestable routine d'ici-bas.

Fénélon s'écrie éloquemment : « Celui qui trouverait dans une île une belle statue dirait tout de suite : Ici il y a eu des sculpteurs. » D'où il conclut que dans la mécanique céleste il a fallu un mécanicien. Si l'on avait montré à Fénélon une jolie fleur en lui disant : Ce doit être Raphaël qui a si bien fait ce dessin, qui en a rendu les couleurs si éclatantes, l'éminent prélat aurait sans doute expliqué que cette fleur n'est pas un dessin et qu'elle n'avait eu besoin, pour se peindre, ni de peintre, ni de pinceau, mais à qui l'air fournissait invisiblement, dans la mesure la plus régulière, l'éclat le plus admirable, toutes les couleurs qu'elle a. Pour l'auditeur qui entendrait cela pour la première fois, au sujet de la première fleur qu'il aurait vue, le phénomène lui paraîtrait, peut-être, plus extraordinaire qu'une statue sans statuaire. Comment l'air qui est incolore peut-il mettre, sans que nous ne voyons ni pourquoi, ni comment et dans une parfaite régularité, du bleu, du rouge, du violet, du jaune etc., sur un brin d'herbe qui pousse sur la terre ? On aurait beau s'en étonner, mais cela est ainsi ; la fleur n'a pas plus besoin, pour se peindre, d'un peintre et de ces pinceaux, que la boule terrestre n'a eu besoin, pour se construire, d'un maçon et d'un tourneur.

Voltaire accepte cette évidence et dit qu'il pourrait se faire que la matière fût éternelle ; mais, ajoute-t-il, la matière n'est pas intelligente et puisque l'intelligence existe, il faudrait supposer deux éternités nécessaires: la matérielle et la spirituelle, ce qui permet d'en supposer quatre, dix, trente, etc. Pardon, d'abord s'il était permis de supposer deux éternités, il ne serait pas possible d'en supposer plus; on ne peut pas, en effet, supposer l'éternité d'une chose que l'on voit clairement dériver d'une autre. Les métamorphoses visibles de tout ce qui existe ne permettent pas de faire toutes ces existences éternelles ; par exemple, quand nous voyons une chenille devenir papillon, nous ne pouvons pas admettre que le papillon et la chenille soient de toute éternité. Il n'y a finalement que la matière et l'esprit et comme il est fort probable que l'une de ces deux choses soit l'effet de l'autre, il n'y a plus qu'une éternité possible, la cause première.

Cette cause première s'est-elle transformée par le temps en une infinité de choses, ou est-elle restée en créant, indépendamment d'elle, les choses existantes ? Voltaire, Mallebranche, Fénélon, etc. sont pour cette dernière opinion, moi, je suis pour la première.

Voltaire se laisse cependant aller à dire qu'il lui semble impossible qu'on ait pu tirer l'univers du néant, il persiste néanmoins à adopter l'hypothèse parce que, dit-il, la vie, l'intelligence existent et, comme la matière morte ne peut donner naissance à la matière animée, je suis forcé d'admettre la toute-puissance du créateur. C'est là l'argument le plus fort de tous les philosophes déistes. Le traité de l'existence de Dieu de Fénélon est le livre le plus fort qui ait été écrit en faveur du déisme ; voici ce qu'il dit, au chapitre deuxième intitulé, preuves métaphysiques de l'existence de Dieu : L'être qui est par lui-même possède la suprême perfection. L'être communiqué, si parfait qu'on le suppose, sera toujours inférieur à l'être par soi. Or, il est manifeste que je ne suis pas cet être parfait. Je ne suis donc pas par moi-même. Je suis par autrui, et celui qui m'a fait passer du néant à l'être, doit être par lui-même. (1)

Quelle preuve Fénélon donne-t-il pour affirmer que l'être qui est par lui-même possède la suprême perfection, tandis que l'être communiqué est toujours inférieur à l'être par soi? Je lui donnerai, au contraire, cent preuves qu'il en est tout autrement ; le cochon était par lui-même (2) un animal sauvage, dangereux et ne rapportant au chasseur que très peu de nourriture ; comment est-on parvenu à faire du sanglier, cet animal qui n'a presque plus de jambes, les mœurs douces et le corps trois fois plus productif qu'il n'était dans son état naturel ? Ce résultat s'est obtenu par l'être communiqué, c'est-à-dire en faisant reproduire indéfiniment une même famille ; de même que tous les arbres et toutes les plantes qui, en les faisant reproduire ou en les greffant sur eux-mêmes, parviennent à avoir des produits plus beaux, c'est-à-dire plus parfaits La suprême perfection n'existe pas et ne peut exister. Et pour ceux qui l'attribuent à un dieu, ils n'ont à l'appui de leur idée qu'une affaire de goût et d'opinion Le premier venu peut aussi bien avoir raison de croire que Dieu est infiniment imparfait, comme Fénélon de dire qu'il a toutes les perfections, parce que, si celui-ci trouve une suprême perfection dans un être qui lui a fourni les idées de son Télémaque, l'autre peut croire ce même être dépourvu de toute perfection de ne lui avoir fourni que des idées perpétuelles d'ivrognerie et de débauche.

Le progrès continu de toutes choses par le temps, est une preuve irréfutable que l'être par lui-même est moins parfait que l'être communiqué ; donc, cet argument de Fénélon, qui n'a d'autre but que d'excuser Dieu des   aux de l'humanité, n'est

(1) Voir à la fin note 2.
(2) Nous voulons dire à son é   primitif.

qu'une sotte contradiction des vérités les plus claires et les plus manifestes. Puisque, plus nous avançons en âge, plus nous trouvons de perfection, il est évident que si nous reculons de quelques milliers de siècles, la nature nous apparaîtra beaucoup plus imparfaite, ce qui fait croire qu'en reculant toujours nous trouverions l'être primitif dépourvu de toute perfection, n'ayant qu'une étincelle de vie qui lui permettra de se perfectionner graduellement à mesure que le temps, en transformant de siècles en siècles le milieu où il vit, lui fournira les éléments propres à son développement ; s'il en était autrement, si la nature avait été l'œuvre d'un être parfait et tout-puissant, elle serait toujours restée dans un même degré de perfection. Tout indice de progrès découvre la preuve d'un défaut, d'une faute primitive or, que ce soit par la volonté de Dieu ou par sa propre faculté, que l'homme se perfectionne, il n'offre pas moins, par ce perfectionnement, la preuve d'un défaut primitif qui renverse l'hypothèse d'un être parfait et puissant, et qui autorise la théorie de Darvin, par laquelle l'homme et tous les êtres sont un produit de la matière qui s'est transformée en une infinité de formes par la suite des temps.

Fénélon oppose à ce raisonnement un argument bien connu.

Si l'on voyait tout-à-coup, dit-il, surgir un palais dans une île déserte, on pourrait encore supposer que le hasard a pu produire le monde. Mais, cela n'est pas. Non, mais si nous n'avons jamais vu surgir un palais dans une île, par un fait du hasard, nous avons vu, par ce même fait, surgir au milieu d'une grotte, ou à bien d'autres endroits, un vrai élément de géométrie. Celui qui serait transporté dans une grotte cristallisée, qui n'aurait jamais ni vu, ni entendu parler des cristaux et à qui on donnerait pour la première fois une géométrie et un microscope pour étudier la grotte, celui-là demanderait sans doute quel est l'ouvrier assez habile et assez patient, pour avoir si bien taillé ces petits morceaux de verre, en reproduisant, avec une admirable précision, la plupart des figures de son livre. Si on répondait à celui-là, que la grotte n'a jamais reçu les pieds d'aucun géomètre et que le hasard seul a taillé et poli, sans instrument, toutes ces petites figures géométriques, il regarderait probablement tout ébahi en demandant pourquoi l'on se moque de lui. Le fait est cependant exact, les cristaux se forment en cubes, octaèdres, prismes, etc., sans compas ni équerre, avec autant de précision et de justesse que ne le ferait le meilleur architecte pour le plan d'un palais.

Fénélon me dirait, peut-être, que Dieu est ici le géomètre invisible de la grotte. Soit, mais puisque le chimiste peut, dans son laboratoire, en transformant par divers acides la température et l'état de l'atmosphère, accélérer ou retarder, empêcher ou déterminer la cristallisation, on est bien forcé d'avouer que la cristallisation n'est due qu'à des lois physiques de l'atmosphère, et que Dieu n'y est pour rien, car sa volonté ne pourrait pas être annulée par les moyens que le chimiste emploie. Quelle intelligence le hasard, ou plutôt l'air, a-t-il de faire des cubes au lieu de boules, des triangles et des angles rectilignes au lieu de les faire curvilignes et mixtilignes ? Quel est le but de ces formes plutôt que d'autres ? Voilà ce que Fénélon eût été en peine d'expliquer.

Tous les grands penseurs qui ont cru à Dieu me demandent pourquoi la terre tourne d'Occident en Orient, au lieu de tourner en sens contraire, c'est-à-dire pourquoi le soleil semble se lever du côté de l'Est au lieu du côté Nord ; donc, disent-ils, il faut bien que Dieu, l'auteur de ce mouvement, ait eu une volonté intelligente ; donc, cette volonté est toute-puissante. Malgré l'autorité de ceux qui m'affirment que cette volonté intelligente est nécessaire, je suis forcé de dire que tous leur « donc et il faut », sont erronés et qu'il est très facile d'expliquer le pourquoi de ce mouvement.

La terre tourne d'Occident en Orient, non pas par la volonté d'un Dieu, mais par le pouvoir de l'attraction des autres astres. Elle a été entraînée dans cette route par la force attractive des astres qui l'y ont précédée, et elle n'en dévie pas parce que la même force l'y maintient. Il en est de même de tous les astres, soit planètes, soleils nébuleuses ; ils suivent la route qu'ils ont parce qu'elle leur a été imposée par les astres précédents, et cela, jusqu'au premier astre créé ; celui-ci, nous pouvons le supposer immobile ou mouvant, au milieu de l'univers, du moment qu'il est seul, il n'a pas de besoin d'une sagesse conductrice, puisqu'il peut, à son gré, courir dans tous les sens, sans qu'il y ait danger qu'il puisse en heurter d'autres. Tous ceux qui ont la moindre connaissance de la cosmogonie comprendront la logique évidente de cette claire réponse.

J'entends le lecteur me dire qu'il a toujours fallu une cause première qui ait fait ce premier astre et qui lui ait donné son mouvement ; donc, cette cause première peut encore être Dieu.

Oui, il a certainement fallu une cause première. Comme le dit si bien Voltaire : Il n'y a pas d'effets sans causes, et il ne peut pas y en avoir ; seulement ce qu'il importe de savoir, c'est la nature de cette cause première. Moi, je crois que cette cause première n'agit qu'involontairement par des lois physiques, qui lui sont propres, je la nomme Air, Espace ou Ether. Fénélon, Bossuet, Voltaire, Rousseau, etc. croient que cette cause est intelligente, volontaire, sage ; ils la nomment Dieu. A l'appui de leur opinion, ils apportent l'ordre qui existe dans l'univers et l'intelligence des êtres qui l'habitent ; à l'appui de la mienne, j'ai les expériences scientifiques qui prouvent la théorie des métamorphoses, qui fait le progrès continu dans le courant des siècles.

Tout le monde sait aujourd'hui que les astres n'ont pas tous été faits le même jour, comme le dit la Bible, mais qu'ils se sont formés peu à peu et qu'il s'en forme encore continuellement, le pape lui-même n'en disconviendrait pas. Pour savoir comment des astres avaient pu se former, on imagina des milliers de systèmes ; enfin, Newton découvrit l'attraction, et plus tard Laplace, en réunissant toutes les découvertes qui avaient été faites, installa définitivement la théorie actuelle de la formation des mondes. Disons que pour expliquer ce mécanisme, Laplace n'eut pas besoin de l'hypothèse de Dieu, car il n'y croyait pas.

Autrefois, on croyait que quand on avait enlevé le liquide que contenait une bouteille, celle-ci se trouvait vide, on apprit plus tard qu'elle était encore pleine d'air ; on sait aujourd'hui que, si on enlevait l'air, elle serait encore pleine d'un fluide extrêmement plus subtil qu'on appelle l'*Éther* : si on pouvait enlever l'éther, il y aurait peut-être un fluide plus subtil encore qui prendrait place et la bouteille ne pourrait jamais être vide. L'éther prend la place de l'air qu'on ôte de la bouteille, tout comme l'air remplace instantanément le liquide. Quand on dit qu'à une quinzaine de lieues de hauteur il n'y a plus d'air, il faut bien se persuader que pour aller de là au soleil, qui se trouve encore à des millions de lieues plus loin, il se trouve encore quelque chose qui est la substance même de ce qui forme cet espace ; cette distance, ce quelque chose, c'est l'éther. Il se tient là-haut au-dessus de tout, parce qu'il est le fluide le plus léger que nous connaissions; sa présence s'étend dans l'infini, sauf à ce qu'il rencontre, au-delà d'une étendue quelconque, un fluide plus léger. C'est là-haut, dans cet espace appelé éther, dont nous avons dit précédemment qu'il fallait que Dieu fût pour créer le monde, selon Moïse, que se sont formés les astres.

Ce fluide impondérable a, en vertu de son extrême subtilité et des couches infinies de fluides plus ou moins denses, superposées les unes sur les autres, sur lesquelles il repose, un mouvement d'oscillation qui lui est propre ; il ne peut pas être sans se mouvoir. Ce mouvement existe donc de toute éternité, puisque tout ce qui pourrait précéder l'éther n'aurait, en raison de sa plus grande subtilité, qu'un plus grand degré de mouvement; nous voilà donc, sans avoir eu recours à Dieu, en possession du mouvement, avec lequel nous pouvons tout construire. Tout ce qui se meut produit infailliblement un frottement; si vous faites tourner rapidement un bâton dans l'air, il est indubitable que ce bâton frotte l'air. Tout frottement produit de la chaleur ; il n'est personne qui ignore que, quand on frotte un fil de fer, ou même quand on veut le casser, en le tordant, celui-ci acquiert par ce frottement un degré de chaleur qui vous brûle les doigts, il en est de même de tout corps qui frotterait contre un autre, il finirait par s'enflammer si l'on n'avait le soin d'y mettre un liquide qui absorbe la chaleur. Je tiens de l'aveu d'un mécanicien du chemin de fer Paris-Lyon-Méditerrannée, l'assurance que les roues d'une locomotive d'un train de marchandises ont pris feu, parce qu'un employé, chargé de ce travail, avait oublié d'y mettre de l'huile ; que le fait soit, ou ne soit pas, il est absolument certain qu'il peut être. Ainsi, chaleur, lumière, électricité, produits du frottement, sont des résultats indispensables du mouvement ; d'où il résulte que, puisque le mouvement est éternel, la chaleur, la lumière et l'électricité sont également de toute éternité. Considérons un moment une partie de l'éther en mouvement, il arrivera qu'après avoir acquis un degré assez fort de chaleur, cette partie d'éther sera à l'état de combustion ; or, comme tout ce qui brûle dépense de la chaleur, il est évident que la combustion aboutit au refroidissement. Tout corps qui brûle a pour effet, en se refroidissant, de resserrer ses molécules, par le fait que la combustion expulse les gaz qui les constituent, c'est cet effet qui produit ce qu'on appelle ; la Cendre de la combustion. Ainsi, après avoir assez brûlé, l'éther aura fini par évaporer, ou en quelque sorte distiller les gaz qui le composent et laisser un résidu analogue à la cendre de tout ce qui a brûlé ; seulement, comme le fluide en combustion était un fluide impondérable et extrêmement subtil, le résidu laissé n'aura été qu'une parcelle infinitésimale de matière ; c'est l'atome. Cet atome, représentant en si petite étendue une étendue beaucoup plus considérable d'éther, est devenu naturellement plus matériel que l'éther, c'est-à-dire que, par ce resserrement d'une grande étendue en une petite, l'impondérable est passé à l'état du pondérable. Ce phénomène s'étant produit en même temps et de la même manière en une infinité d'endroits, aura produit dans l'immensité de l'espace une infinité d'atomes.

La quantité d'éther qui, par la combustion, s'est transformée en atome, a dégagé, sous forme de flamme, une quantité de gaz probablement plus dense et moins subtil que l'éther et qui, en prenant la place qu'occupait ce dernier, aura été en quelque sorte l'atmosphère de l'atome.

Que va devenir maintenant notre atome et son atmosphère au sein de l'espace ? Nous avons dit que la combustion de l'éther avait pour effet de comprimer en étendue beaucoup plus petite les molécules constituantes d'une quantité plus grande de ce fluide, et de changer ainsi l'impondérable en pondérable pour donner naissance à l'atome; cet atome doit donc se trouver maintenant plus pesant qu'une étendue égale à la sienne du milieu où il se trouve ; ce qui, suivant les règles de la mécanique, doit lui faire prendre une vitesse en ligne droite au-dessous de sa surface, comme, par contre, s'il était plus léger, il effectuerait une ascension verticale. L'atmosphère de l'atome étant elle aussi moins impondérable que l'éther, devra suivre celui-ci dans sa marche, jusqu'à ce qu'il arrive dans un milieu assez pesant pour les arrêter. Dans cette direction l'atome exécute un mouvement de rotation sur son axe. Pourquoi ? direz-vous. Parce que l'atmosphère qui l'entoure étant un corps, a le pouvoir d'être attiré par l'atome et de l'attirer en même temps. Ce pouvoir d'attraction réciproque entre l'atome et l'atmosphère résulte de l'électricité (1) qu'a produit le mouvement et par là, le frottement de l'atome dans sa course à travers l'espace ; de sorte qu'étant forcé à courir par rapport à son poids, et étant attiré de tous cotés par l'attraction de son atmosphère qui l'entoure, l'atome est forcé de tourner sur lui-même pour obéir aux deux pouvoirs qui le sollicitent.

Mais, dans ce frottement qui a donné naissance à l'atome, un fait extraordinaire, ou plutôt incompréhensible, s'est produit. L'électricité qui s'est dégagée s'est trouvée divisée en deux parties différentes, l'une appelée *positive* ou *attractive*, l'autre *négative* ou *répulsive* ; l'air s'est emparé de l'une et l'atome de

(1) Voir à la fin la note 3.

l'autre. Ces deux électricités différentes ont le pouvoir de s'attirer mutuellement ; par contre, deux électricités de même nature se repoussent ; de sorte que, deux atomes qui sont de même électricité se repousseront, deux atmosphères également, tandis que d'atome à atmosphère et réciproquement, il y aura attraction ; ceci posé, voyons ce que vont devenir dans leur course notre atome et son atmosphère.

L'atome, avons-nous dit, attire et est attiré par l'atmosphère qui l'entoure, parce qu'il est d'électricité différente et, par cette raison, il opère un mouvement de rotation sur lui-même, tandis que, par son poids, il a pris une marche en ligne droite perpendiculairement au-dessous de sa surface. Dans cette course, il va rencontrer d'autres atomes qui ont fait, ou qui font comme il a fait lui-même ; qu'arrive-t-il dans ce cas ? Il arrivera que, dès qu'ils seront à une certaine proximité l'un de l'autre, leurs atmosphères d'électricité de même nature se repousseront, les deux atomes également, tandis que d'atome à atmosphère, et réciproquement, il y aura attraction.

Dans cette circonstance, ces deux atomes auront chacun une tendance à aller dans l'atmosphère de l'autre, ce qu'ils ne peuvent ni l'un ni l'autre, parce qu'ils sont tenus, d'abord par l'électricité de l'atmosphère qui les entoure et ensuite, parce qu'ils sont repoussés par leur électricité mutuelle qui est de même nature ; de sorte que, ne pouvant ni s'unir, ni se séparer, le plus gros entraînera le plus petit dans sa marche et ainsi de suite, tant qu'il y aura de rencontre.

Dans cette marche, le plus petit a conservé son mouvement de pesanteur qui l'oblige à courir et son mouvement de rotation sur lui-même. Où aller, puisqu'il est captif du plus gros ?

Son poids qui le fait courir et l'attraction atmosphérique de l'autre atome qui le retient, le forcent à courir autour de son directeur, c'est-à-dire à décrire un cercle autour de lui, et à prendre un mouvement de rotation autour d'un centre, qui est l'atome supérieur qui le conduit, tout en conservant son mouvement sur son axe par la force attractive de son atmosphère.

Où vont-ils, cet atome et son subordonné ? Quand ils se trouveront dans un milieu éthéré assez dense, ou bien quand l'atome supérieur aura à sa suite un nombre d'atomes assez fort pour balancer son pouvoir attractif ils s'arrêteront. Si, avant de s'arrêter, notre gros atome en a rencontré dix, vingt, trente, etc. de plus petits, il les aura tous entraînés à son escorte, du moins tant que sa force lui permettra d'en conduire ; si, au contraire, il en rencontre un plus gros que lui, il fera avec ce nouveau venu ce qu'il a fait faire à ses subordonnés, il escortera à son tour, tout en gardant à son propre compte l'escorte qu'il s'est faite. Ce nouveau venu suivra aussi la même loi le jour qu'il rencontrera un chef, et ainsi de suite jusqu'aux plus grands astres ; s'il n'en rencontre pas de plus gros que lui, il demeurera immobile et indépendant avec l'escorte qu'il a dans le milieu qui arrêtera sa marche en raison de sa densité. Ainsi a fait le soleil, qui tourne sur lui-même, entraînant autour de lui une nombreuse escorte, mais n'étant pas soumis aux mêmes devoirs envers plus fort que lui.

Mais, va dire le lecteur, pourquoi en avons-nous vu un plus gros que l'autre ? Par la simple et générale raison qu'il était plus vieux. Vous avez remarqué que notre premier atome, qui s'est mis à suivre celui qu'il a rencontré, avait gardé son mouvement sur son axe et avait pris un mouvement de rotation autour de son directeur ; or, il faut reconnaître que, dans ce mouvement, il y a encore frottement et par là production de chaleur, il y aura encore incandescence, lumière, combustion ; seulement, comme cette fois la combustion a lieu dans un milieu plus matériel et moins impondérable que l'éther, dans ce milieu corporel que nous appelons l'air, ou l'atmosphère, l'échange des gaz qui a lieu par la combustion s'opèrera sur une plus vaste échelle, le résidu laissé sera plus volumineux, plus matériel, et la nouvelle atmosphère plus grande et plus composée. Selon la nature des gaz absorbés pendant la combustion, les résidus auront acquis des électricités différentes et dont la force attractive, plus ou moins grande, aura déterminé la division des atomes entre eux, tout en n'empêchant pas leur agglomération générale ; c'est ainsi que dans la grande aglomération d'atomes qui forme la terre, les atomes, en se divisant entre eux, ont formé les variétés des métaux que nous connaissons, tels que l'or, le fer, le plomb, le cuivre, etc. Ce manège, répété des millions de fois dans l'éternité des siècles, aura produit, à force de création d'atomes, ces immenses aglomérations qui ont formé le Soleil, Jupiter, Saturne, la Terre etc. etc, munies d'une infinité d'atomes divers, entourés d'atmosphères très-grandes et elles-mêmes très composées. De là, les planètes entraînant leurs satellites, des soleils entraînant des planètes, des nébuleuses entraînant des soleils. (1)

Tous les astronomes admettent ce commencement des astres par un atome, produit par le mouvement de l'éther. Vous voyez bien que, pour la science, il n'est besoin d'aucun Dieu pour construire les mondes et pour les diriger, et, puisque deux corps de même électricité se repoussent, au lieu de s'attirer, leur rencontre est matériellement impossible et M. Babinet a raison de dire qu'il n'y a rien à craindre des comètes Mais, me dira-t-on, pourquoi, alors la plupart des astronomes croient-ils en Dieu? La raison est connue, je n'ai pas l'honneur de la comprendre, la voici : Dieu, dans sa sagesse infinie, imprima à l'éther le mouvement infini qui...., etc.

Autrefois, Dieu avait créé les mondes en six jours ; devant l'evidence du contraire, il a fallu se rendre. Aujourd'hui on se réfugie dans les champs métaphysiques : il a donné le mouvement à l'éther.

J'ai sous la main une cosmogonie moderne dont l'auteur, M. Charles Richard, un savant élève de l'école polytechnique, démontre la formation des mondes par le seul pouvoir du mouvement de l'éther, et persiste néanmoins à dire que Dieu est l'auteur de tout, qu'il faut] , l'adorer...., etc. Nous allons suivre cet auteur, d'un tale.. .ncontestable, dans la critique suivante :

(1) Voir la note 1 à la fin sur la Cosmogonie.

Je surprends M. Richard aux premières pages de son livre, dans une phrase qui suffirait à elle seule pour affirmer mon opinion et démolir la sienne ; la voici textuellement : J'oserais dire, si la théologie veut bien me le permettre, que l'éther est en quelque sorte le corps même de Dieu. Ainsi, si l'éther peut en quelque sorte être le corps de Dieu, comment supposer que Dieu a créé le mouvement de ce fluide. Qu'est-ce alors qu'il faut adorer, si l'éther et Dieu sont une même substance ? Je ne suppose pas que M. Richard veuille adresser des prières à l'éther, il ne voudra jamais lui accorder l'intelligence, la sagesse, la volonté qui sont indispensables à l'être qu'on nomme Dieu. Qu'est-ce alors que Dieu ?

Je serais tenté de croire qu'une entente existe entre un certain nombre de savants et l'Eglise, car, alors qu'on vous démontre clairement, ou du moins mathématiquement, que l'auteur de tout n'est qu'un fluide mouvant, on persiste néanmoins à nous dire qu'au-dessus de ce fluide il y a un Dieu ; il est vrai qu'on ne l'occupe à rien, que même, eux, les savants, ne s'occupent plus de lui dans leurs recherches, on ne fait plus cas de lui dans aucun problème scientifique; en pratique, il n'existe plus, en théorie, il fait toujours tout. Ce n'est pas parce que, sans raisons solides, ni même sérieuses, on me dit systématiquement que tout est en Dieu et par Dieu, que je m'obstine à le nier; non, mais je le nie parce que je ne le comprends nulle part, parce que rien ne manifeste sa présence, parce que, à chaque instant, des malheurs, des désordres, des fléaux, un millier de choses enfin, réclament cette puissance infinie et que rien ne la voit jamais se produire ; parce que, dans l'univers tout est disposé en sens inverse de ce qu'il devrait être avec cette toute-puissance, parce que la première preuve qu'une chose n'existe pas, c'est d'avoir à en implorer l'existence, parce qu'enfin, on ne me donne aucune preuve pour m'y faire croire. Mais d'abord, où, en quel lieu existe-t-il, ce Dieu qu'on m'affirme ? M. Richard, qui s'aperçoit que, quand même il serait possible que Dieu et l'éther ne fussent qu'une même substance, il faudrait chercher où habite son esprit, finit par dire que Dieu pourrait bien être au centre de la grande nébuleuse (1).

Seulement ici on le fait borné, on lui assigne une étendue limitée, par conséquent une forme, et, si la grande nébuleuse vient à s'user, comme tout ce qui existe, il faudra que Dieu aille chercher asile ailleurs, ce qui devient trop ridicule ; alors, on revient à l'hypothèse de Dieu invisible, spirituel et universel.

L'universalité de Dieu ne pourra jamais concorder avec un être intelligent et volontaire ; pour qu'il puisse être universel, il faut que cet esprit n'ait ni volonté, ni intelligence, il faut qu'il ne vive pas, qu'il ne soit pas Dieu. Dans la nature il n'y a pas de vide, M. C. Richard le reconnaît ; donc, si ce mur, cette écritoire, ou un corps quelconque ne sont pas formés avec le corps de Dieu, il est évident qu'à l'endroit où ils se trouvent, Dieu ne s'y trouve pas. Si toute la nature est pleine de substances autres que celle que vous attribuez à Dieu, il faut que Dieu ne soit pas dans la nature ; il me semble qu'il n'y a pas une vérité plus palpable que celle-là. Pour faire Dieu invisible et universel, il n'y a qu'une seule possibilité, faire prendre à Dieu la place de l'éther, parce que tous les objets existants peuvent n'être que de l'éther transformé ; mais alors où mettriez-vous ce fluide que vous n'avez pas encore pensé à diviniser, et qui, selon votre livre, a créé tous les mondes ? A l'endroit où se trouve l'éther, Dieu ne peut s'y trouver, où alors, il faut les confondre, ce qui équivaut à dire qu'il n'y a point de Dieu, du moment que vous ne reconnaissez pas à l'éther la vie volontaire et intelligente qui est indispensable à la Divinité. A supposer même que vous les confondiez, que vous fassiez l'éther spirituel, intelligent, volontaire, etc., seul moyen de pouvoir expliquer la définition de Dieu, et que vous disiez que tous les corps qui nous paraissent inanimés, tels que les pierres, le fer, etc., etc. ne le sont pas et sont une

(1) Nous devons dire que l'existence de cette grande nébuleuse n'est que supposée dans l'imagination de M. Richard, quoique, sans elle, sa théorie

métamorphose de Dieu, qui nous illusionne et nous confond, mais, que c'est là une de ses bontés divines d'avoir voulu se rendre utile à nous en nous apparaissant, illusoirement, sous une infinité de formes, à supposer que vous vouliez expliquer de cette manière (et c'est la seule possible, je le répète) l'incompréhensible mystère de Dieu, vous ne feriez que tomber d'un cul-de-sac dans un labyrinthe. Qui nous prouverait que ce que nous appelons un morceau de bois n'est pas de bois, mais une partie de Dieu qui nous apparaît telle ? Qui nous prouverait que ce sont nos yeux qui s'illusionnent, plutôt que de croire que c'est votre cervelle qui se détraque ?

Ces preuves ne pourraient être que par un exemple convaincant, et, malheureusement, les exemples de ce genre habitent encore l'inconnu. Nous ne pouvons juger des choses que de la manière dont nous les voyons, ou nous les touchons, et il serait toujours plus juste de croire une démonstration matérielle de nos sens, qu'une supposition métaphysique qui ne reposerait sur aucun fondement. Vous voyez bien que même avec ce moyen que je vous donne, pour sortir d'embarras, vous ne réussiriez qu'à être moins ridicules, sans être pour cela plus logiques. Avouez donc, MM. les déistes savants ou ignorants, que vous ne savez absolument que faire de votre hypothèse ; vous ne pouvez pas faire Dieu spirituel et universel, parce que tout l'univers est occupé d'une substance autre que cet esprit, vous ne voulez pas le faire corporel, ne sachant où le placer, et vous paraissez avoir une fameuse envie de n'avoir pas à parler de lui, dans les circonstances qui le concernent.

Je veux vous faire encore une autre concession ; je suppose que ce galimatias qui vous embrouille tant n'existe pas; je veux admettre possible, pour un instant, ce qui ne peut pas l'être, que Dieu et l'éther soient deux choses différentes et qu'elles se trouvent partout, toutes les deux, à la même place. Que ferez-vous avec ce Dieu qui n'est pas l'éther et qui est partout à sa place ? Vous ne pouvez faire que Dieu soit l'auteur de l'éther, parce que, pour incorporer celui-ci dans l'existence, il vous faut reconnaître un vide que vous niez ; vous êtes donc forcés de faire ce mélange de toute éternité ; or, comme l'éternité de l'éther apporte, avec votre approbation, l'éternité de la création, vous démontrez, vous-même, l'inutilité et l'invraisemblance de votre hypothèse.

Concluons de cela que vous ignorez complètement ce que vous appelez Dieu, que vous ne pouvez dire si c'est un esprit universel, ou un corps limité, s'il serait volontaire ou involontaire, en quel lieu se trouverait cet esprit ou ce corps ; vous n'entrez que dans des impossibilités contredites par vos propres raisonnements, vous n'utilisez Dieu dans aucune de vos combinaisons scientifiques, dans aucun principe de création, et vous ne comprenez pas vous-mêmes, ce que vousvoudriez pouvoir démontrer aux autres. Faites donc volontairement un aveu, que vous avez fait malgré vous, et qui vous sortira de cet épouvantable mystère, analogue à celui de la Trinité chétienne ; déclarez de bonne foi qu'il n'y a pas d'autre créateur, dans la nature, que l'éther, et qu'il n'y a pas d'autre directeur de ces créations que les lois physiques que le mouvement fait naître. L'éternité de l'éther ayant involontairement tout créé, et son mouvement dirigeant, sans intelligence, tout ce qu'il a produit, mettra fin à toutes les discordes des innombrables religions qui se querellent et s'entre-gorgent depuis des siècles. Eternité pour éternité, le monde n'en sera ni plus vieux ni plus jeune, et vous aurez la sublime satisfaction de connaître toujours la nature et la base de vos raisonnements.

Par la logique de ceux-mêmes qui la croient, l'hypothèse de Dieu n'exprime qu'un mot, et toutes les croyances que ce mot a fait naître ne sont que des folies de l'imagination.

La toute-puissance involontaire de l'éther mettra d'accord tous les philosophes et leur philosophie, libre à ceux qui voudront lui adresser des prières, ils seront sûrs que s'il ne les leur accorde pas, il ne s'en fâchera pas, non plus. Je reste convaincu, jusqu'à preuve du contraire, que s'il y avait un Dieu qui exigeât quelque chose de la nature humaine, nous le connaîtrions tous en venant au monde et nous n'aurions pas besoin, pour le connaître, des innombrables mystères et hypothèses, des rêveurs et des fous. Le jour où je verrai les enfants en naissant me parler du bon Dieu et réciter des commandements de lui, je me déciderai probablement à y croire ; jusqu'au temps où les preuves que je demande arriveront je ne croirai rien du tout, et je suis heureux d'avoir donné l'explication de mon incrédulité. Il serait à désirer que tout le monde expliquât, ainsi, les motifs de ses actions.

CHAPITRE IX.

De la pensée et du libre-arbitre.

On conçoit l'importance de ces deux questions qui intéressent à un si haut degré la curiosité publique ; je préviens cependant les trop curieux qu'ils ne trouveront pas ici une satisfaction aussi claire que dans les questions précédentes, mon livre n'est pas un élément de physiologie, ni de psychologie, et d'ailleurs je ne suis pas physiologiste, mais, le serais-je, il me faudrait avoir plus de science et de talent que tous les autres pour satisfaire complètement à l'exigence légitime du lecteur. Mon but n'est pas d'apprendre du nouveau sur la délicate question de l'âme, mais d'examiner la question sous le point de vue philosophique, en ce qui peut concerner la guerre que je fais au fanatisme, sur la question de Dieu et de la religion.

J'ai donc à examiner si, pour produire des êtres pensants et doués de l'intelligence, il a fallu absolument une intelligence primitive dont la suprématie serait de toute éternité. Cet examen est déjà assez difficultueux sans vouloir pénétrer plus loin.

Voltaire, Clarcke, Locke, Bayle, etc., etc., me disent tout simplement : Je suis intelligent, je ne puis pas m'acquérir cette intelligence par moi-même, donc, l'être primitif était nécessairement intelligent. Un pareil langage, de la part de pareils hommes, pourrait étonner le lecteur qui veut réfléchir un peu sérieusement sur cette question ; c'est exactement comme si on disait : Ce bloc de fer existe, ni l'air, ni la lumière, ni la terre ne sont du fer, donc l'être primitif était nécessairement du fer. Si nous comptions, comme ces philosophes, sans les métamorphoses incontestables qui s'opèrent par la suite des temps, évidemment nous n'aurions qu'à émettre la première supposition qui nous paraîtrait juste, pour la prétendre incontestable. Il faut, dans ceci, se rendre compte si les opinions qu'on avance concordent avec la marche des phénomènes de la nature. Je suis un être pensant, mais personne ne peut me prouver que je dois cette vie à un être d'une nature égale à la mienne ; je sais que mon père et ma mère m'ont mis au monde, mais ce que je ne sais pas, c'est s'ils ont fabriqué ma vie ou s'ils n'en ont que favorisé le développement. Qui me prouve que, s'il n'y avait pas d'êtres vivants, les germes de vie ne se développeraient pas également, mais par une autre voie ?

L'opinion de Voltaire est que la pensée, ou l'âme, est une faculté qui nous vient de Dieu ; selon lui, toutes les fois que nous pensons, ce serait par son bon vouloir, et, chose étonnante, celui qui soutient cet argument est partisan du libre-arbitre. Si la pensée d'un individu vient de Dieu, tous les individus devraient penser de la même manière; car la nature, la volonté de Dieu, ne peut pas être de cent manières différentes à un même moment ; ainsi, Dieu peut-il au même moment, sur la même question, me faire penser oui à moi et non à un autre ? Ce serait ridicule de le croire, et, cela pût-il être, ce serait encore mieux nier le libre-arbitre et renverser toute idée de sagesse et de bonté de ce prétendu Dieu, et par analogie, démolir toutes les religions, puisqu'elles reposent sur ces deux perfections. Un auteur moderne me dit que ses facultés ne peuvent lui venir que par l'intermédiaire de Dieu, et que les idées du beau, du bien, du sublime ne peuvent avoir qu'une essence divine qui est au dessus de la nature humaine. Par la même raison, les idées folles, absurdes, stupides, ne devraient avoir qu'une source au-dessus de la nature humaine — probablement diabolique — et les idées vulgaires devraient avoir une source moyenne, entre le haut et le bas de l'échelle, car il est impossible qu'au même instant, à la même minute, la pensée de Dieu soit à la fois admirable et dégoûtante. On admet volontiers qu'il faut l'influence d'un Dieu pour que l'homme puisse s'élever, pour le sentiment, à une hauteur illimitée, il n'y a aucun philosophe qui se soit avisé d'expliquer l'influence qu'il faut, à certains hommes, pour s'abaisser parfois au comble de l'avilissement. L'auteur des idées stupides est inconnu et, malheureusement, l'influence de celles-ci est de beaucoup plus grande que celle du beau et du sublime. Quel serait, de la part d'un Dieu, le motif pour lequel deux frères jumeaux auraient, l'un des idées stupides, l'autre des idées sublimes? Quel mal peut avoir mérité celui-ci de plus que celui-là? Voilà ce qu'on devrait expliquer avant de dire que la pensée nous vient d'un Dieu.

Voltaire (1) croit en Dieu parce qu'il prétend que la matière ne peut acquérir par elle-même la vie et l'intelligence. Il faut, dit-il, une intelligence primitive, éternelle. Qui la lui a donnée, à Dieu, son intelligence? Personne, me répond-on, il l'a par lui-même; soit, mais si l'on convient que quelque chose peut être douée de cette faculté sans une cause précédente, je peux bien attribuer ce pouvoir à ce qu'on appelle matière, tout aussi bien

(1) Je cite souvent Voltaire dans cet ouvrage, parce que c'est un des auteurs qui ont été les plus clairs et que tous ont, à peu de chose près, les mêmes arguments à fournir.

que ceux qui l'admettent en faveur de ce qu'on appelle Dieu ; ils n'ont pas plus de preuves à leur hypothèse que moi à la mienne et s'ils me disent que personne n'a vu la matière acquérir ce pouvoir, je peux leur en répondre autant pour leur Dieu Si, à mon opinion, nul n'a pu en constater la cause, tous nous connaissons du moins matériellement l'effet, tandis que, de l'autre côté, on ne voit ni la cause ni l'effet. La logique est donc encore du côté des incrédules.

Les sciences physiologiques, anatomiques et pathologiques ne s'occupent jamais de Dieu pour chercher la cause de l'intelligence ; ce sont elles seules qui pourraient avoir fait, sur cela, le plus de lumière et, pour elles, Dieu n'existe pas, on ne trouve ce nom dans aucune page de ces livres.

Les hommes qui disposent le plus de la pensée sont, malheureusement, pour la plupart, des gens qui n'y entendent rien : les magistrats. — Nom donné à une classe d'hommes qui rendent la justice et qui ont pouvoir de prononcer sur l'intelligence d'un individu semblable à eux.

Les juges croient, pour la plupart, à la suprême direction de Dieu, et cependant leur profession est une perpétuelle contradiction à leur croyance. Le libre-arbitre est la négation la plus formelle de la toute-puissance divine. Je n'ai jamais vu un juge qui ait dit : J'ai mission de prononcer sur les actions des hommes, voici les raisons qui prouvent qu'ils en sont responsables ; jamais un juge n'a justifié du droit que lui donne son titre. C'est là une bizarrerie inconcevable, les hommes qui ont mission d'agir, en quoi que ce soit, devraient d'abord justifier de la logique et de la justice des actions qu'ils vont commettre. Les philosophes de tous temps se sont occupés de la question du libre-arbitre, ils ont tenu à peu près ce raisonnement : Personne ne pense à briser la vitrine d'un agent de change, pour la voler, le jour, en plein public, parce qu'on sait, qu'étant vu, on est pris et puni, donc, quand on le fait, on a bien conscience de son tort, puisqu'on se cache pour le faire, la personne est donc libre de ses actions, elle dirige volontairement sa pensée. D'autres ont dit : Si on faisait publier qu'il n'y a plus ni troupes, ni gendarmes, ni police et que tout est permis, il y aurait une masse d'assassins et de voleurs qui s'empresseraient de s'approprier le bien des autres ; s'ils ne pensent pas à le faire, en temps défendu, c'est une preuve qu'ils ont le libre choix de leurs actions, donc, ils en sont responsables.

Je comprendrais ce raisonnement s'il n'était exposé qu'au point de vue physiologique, et j'en conclurais que leurs auteurs, n'ayant à leur disposition aucune preuve des expériences de la science, n'ont rien trouvé de mieux, dans leurs conceptions métaphysiques, qui satisfît à la morale et à la physiologie de l'homme ; mais que ces auteurs affirment le libre-arbitre et la toute-puissance divine à la fois, c'est ce qui m'étonne, ce que je ne comprendrai jamais, et ce qu'ils sont incapables d'expliquer logiquement. Si Dieu est l'auteur des pensées de l'homme, celui-ci est irresponsable de ce qu'elles lui font faire. Que Dieu les lui fournisse directement ou indirectement, du moment qu'il est tout-puissant et qu'il peut, par conséquent, les faire exister ou les anéantir, il représente ici un distillateur dont l'homme serait un alambic, dans lequel il verserait des pensées, pour distiller des actions. Peut-on dire que l'alambic est responsable de la plus ou moins grande force de l'esprit qu'il distille.

Quand un homme commet un assassinat, il fait agir ses mouvements à l'accomplissement d'une pensée ; pour condamner justement cette action ou du moins l'homme qui l'a accomplie, il faut savoir incontestablement la cause qui a fait naître cette pensée, et si la matière de cet homme pouvait empêcher cette pensée de se produire. C'est cette évidence qui a fait dire à Voltaire que Dieu, dans sa toute-puissance, n'était en rien dans le mal ; malgré son déisme convaincu, Voltaire avait assez d'esprit pour voir que les mœurs des hommes étaient en contradiction avec une toute-puissance divine, il n'a rien expliqué sur cela, parce qu'il ne comprenait pas le mécanisme de la pensée, et il a fini par dire, que tantôt l'homme était libre, et tantôt il ne l'était pas.

Je suppose un assassin qui fera cette réflexion : Cet homme est porteur d'une somme qui peut, à elle seule, mettre un terme à mon martyre et faire mon bonheur pour toujours ; si je le tue, sans que je sois découvert, ma fortune est faite, si on me découvre, je cours la chance de m'évader, d'être gracié ou de me faire acquitter par une adroite excuse ; c'est un beau coup à faire, essayons-le avec toute la précaution voulue, et puis après advienne que pourra. Il semble bien évident que cet homme qui raisonne ainsi et qui prend toutes ses précautions pour bien réussir, est véritablement responsable de ce qu'il fait. Eh ! bien, moi, je le crois absolument irresponsable, et par le fait, innocent. Si ces réflexions ne l'occupaient pas, si elles ne s'étaient pas produites dans son cerveau, il n'agirait pas de la sorte.

Pourquoi, au lieu de penser à le tuer, pour avoir son argent, n'a-t-il pas eu l'idée, au contraire, de l'avertir et de le conseiller, pour qu'un autre ne le lui prît pas, et de le suivre, pour le protéger, en cas qu'il vînt à lui arriver quelque chose? Evidemment, parce qu'il n'a pas des sentiments de cette nature ; mais encore une fois, est-ce sa faute si au lieu d'avoir un grand cœur, plein de bonté et d'abnégation, il n'a eu que des méchantes et misérables idées ? On me répondra qu'il a eu des mauvaises idées parce qu'il avait un intérêt à les avoir, et qu'en prenant des mesures pour n'être pas vu, il prouve suffisamment qu'il a bien conscience du mal qu'il fait. C'est, au contraire, ce qui prouve précisément qu'il n'est pas libre ; puisqu'il sait qu'il fait mal, il faut bien qu'il y ait un pouvoir assez fort qui le pousse, malgré lui, à le faire et, puisque l'honnête homme est loué, estimé, admiré de tous, tandis que le méchant est un sujet de réprobation universelle, il y a donc, au contraire, tout intérêt à être honnête homme, ce n'est donc qu'aveuglément et poussé par un pouvoir fatal, qu'un individu sacrifie honneur, tranquillité, intérêt, bonheur, à une idée qui lui répugne, lui fait tout perdre et ne lui donne rien. Le juge, lui-même, prouve dans ce cas que le libre-arbitre est une erreur ; il comprend que tuer un homme pour cent mille francs est un crime ; le jugé comprenait, lui, que tuer cet homme et avoir cent mille francs, c'était pour lui une chose qui faisait son bonheur et il l'a faite. Quelle est la cause qui fait que l'un croit bien d'une manière, et l'autre croit bien de l'autre manière ? Pourquoi la cervelle de l'un donne-t-elle des idées différentes de celle de l'autre ?

L'intérêt ici n'est rien ; un jour j'avais dix mille francs à porter à la banque, je n'eus pas un moment l'idée de prendre la fuite et de les emporter, je ne pensais pas plus à cet argent que si je ne l'avais pas eu, et cependant j'étais malheureux, j'en avais bien besoin, un autre aurait eu des plus mauvaises idées, quoique dans une situation égale à la mienne, peut-être aussi qu'une autre fois, avec moins de besoin et moins d'intérêt, j'agirais moins loyalement.

Si l'assassin qui a la pensée que cent mille francs valent mieux, pour lui, que la vie d'un homme, avait la pensée que l'amitié de cet homme vaut plus de cent mille francs, au lieu d'aller le tuer, pour le voler, il le prierait, au contraire, d'accepter ce qu'il possède en échange de son amitié. Nous avons eu les deux exemples, ces deux individus sont constitués de la même manière, ils ont la cervelle faite comme tous les autres ; pourquoi donc, pensent-elles différemment ? Tel individu croit que l'amitié de son semblable est le plus grand trésor, un autre donnerait toutes les amitiés du monde pour cent francs ; moi je dis que le premier a raison, un quatrième prétend que le second n'a pas tort ; quelle volonté matérielle y a-t-il, dans les idées des deux jugés et des deux juges ? N'est-ce pas là le seul fait de l'éducation, plus ou moins morale, que les uns ou les autres auront reçue. Les deux juges n'avaient pas l'idée de faire un autre jugement, sans quoi ils l'auraient fait ; supposez qu'ils eussent pu et qu'ils se fussent refusés à le faire, ce serait toujours par le pouvoir d'une pensée, qu'ils agiraient ainsi. Les deux jugés ne peuvent pas comprendre autrement leur nécessité, leur devoir ; s'ils l'avaient mieux compris, l'un et l'autre l'auraient mieux servi.

L'homme peut-il volontairement fabriquer ses idées ou, ce qui équivaut à la même raison, mettre en action une idée plutôt que l'autre ?

Cette question, qui est le point d'appui du libre-arbitre, est, elle-même, dépourvue de bon sens. Qu'est-ce qui est l'homme ses bras, son tronc, ses jambes ou sa cervelle? Vous me répondrez évidemment que c'est son tout ; mais dans ce tout, il faut chercher la partie qui fabrique les pensées et celle qui les fait agir, car, pour qu'il puisse être responsable de ses pensées, il faut qu'il en soit l'auteur, il faut donc qu'il les fabrique et, comme le seul coupable possible, le moi individuel, n'est que l'ensemble de ses pensées, c'est-à-dire l'intelligence, il se trouve que le libre-arbitre rend responsable de son existence l'objet fabriqué et non le fabricant ; car, ce qui souffre, dans la punition d'un individu, ce n'est pas la partie matérielle, ce n'est ni son corps, ni ses pieds, ni ses mains, c'est le moi, c'est le sentiment, la pensée, la conscience, qui ne sont que des éléments spirituels qui constituent son intelligence ; donc, que ce tout soit volontaire ou instrument de la volonté, il est également irresponsable.

La volonté, du reste, n'est qu'un mot qui exprime un effet, mais il n'y a rien qui puisse être volonté. Si c'est le corps matériel, qui fabrique les idées, il faut croire qu'il a une constitution propre à cette fabrication que personne ne peut empêcher, le cerveau ne peut refuser de les recevoir, le bras de les exécuter ; il y a donc partout irresponsabilité, la volonté seule est coupable, mais, je l'ai dit, celle-ci n'est rien, elle n'est à la pensée que ce que le son est à la parole, c'est simplement l'effet d'une cause.

Il n'y a que deux sortes de mouvement du corps, ou d'une partie du corps, se sont: le mouvement dit volontaire résultant d'une pensée, et le mouvement involontaire qui se produit par action réflexe, ou par excitation mécanique, dans le système nerveux. Il va sans dire que si le mouvement est involontaire, l'homme n'a pas eu la volonté de le faire, s'il est volontaire, étant pour cela le résultat d'une pensée, l'homme est irresponsable des effets de ce mouvement, parce qu'il n'a pu empêcher cette pensée de se produire.

Le juge répond étrangement à l'accusé qui avoue sa faute : Puisque vous saviez que ce que vous faisiez était un crime, puisque vous vous cachiez pour prendre un argent qui ne vous appartenait pas, vous voyiez donc bien que vous commettiez une mauvaise action, alors pourquoi l'avez-vous faite ? On n'a jamais vu un accusé qui sût quoi répondre devant cette imperturbable logique, et cet étonnement est tout ce qu'il y a de plus clair et de plus naturel ; la question ne demande que cette réponse : Je l'ai fait, parce que j'ai eu l'idée de le faire. C'est évident, si l'accusé n'avait pas eu l'idée de le faire, il ne l'aurait pas fait, et s'il n'a pas surmonté cette idée, c'est qu'il ne s'en est pas présenté, dans son cerveau, une contraire et plus forte que la mauvaise, et c'est ce qui le confond quand il est à se demander comment il a pu avoir une pareille idée.

Supposez qu'au moment d'aller commettre son crime, cet homme s'écrie : Eh! bien, non ; je veux me surmonter, je veux rester honnête homme, je jette mon poignard, je lui demande pardon, je mets ma vie à son service et je l'aimerai, tant qu'il vivra.

Vous n'aurez pas raison de dire : Voilà un homme fort, qui sait se surmonter; puisqu'il ne fait qu'obéir à une idée qui s'est présentée plus forte, et meilleure que l'autre, à son cerveau; ce n'est plus l'homme qui surmonte la pensée, c'est une idée qui en prime une autre. Il n'y a dans l'homme ni force ni faiblesse, il n'y a que variété d'idées.

Voudrait-on essayer de dire que la volonté est une force et que cette force fait agir les mouvements sans la pensée; cela n'est pas, mais essayons toujours de répondre à cette hypothèse.

Ce serait toujours la même histoire, il faudrait encore rechercher ce qui serait cause de la volonté, car ce serait elle qui serait responsable, et non le bras qui n'est que son instrument, il faudrait encore se rendre compte si l'homme peut ou non la diriger, ce serait toujours la même chose, il n'y aurait que différence de nom. Mais, nous l'avons dit, la volonté n'est que l'effet de la pensée, la cause de nos actions remonte toujours à la pensée, et l'homme, qui n'en est que le mécanisme, est incontestablement irresponsable des actes qu'elle lui fait commettre, aussi bien que l'est le fusil du meurtre dont il est cause. Le dernier des bandits qui deviendrait tout d'un coup savant, moral, juste et honnête se trouverait plus heureux et plus content dans sa nouvelle existence que dans sa vie passée, donc, puisque le bonheur est là, et que toutes les actions des hommes tendent à l'acquérir, ce n'est pas sa faute, à lui, s'il n'avait su que s'en éloigner. Alors, me dira-t-on, il ne faut plus rien dire aux criminels ?

Pour répondre justement à cette question, il faut chercher d'abord la cause et l'origine de la pensée de l'homme, qui est elle-même l'intelligence et le guide de sa conduite.

Le voleur ne prendra de l'or que s'il a acquis la connaissance que cet or peut lui être de quelque utilité. L'assassin ne tuera qu'après avoir acquis la connaissance qu'un couteau déchire la chair, et que cette déchirure fait perdre la vie. Un homme qui n'a ni vu ni entendu parler de l'or, n'aura jamais l'idée d'en voler ; celui qui n'a ni vu, ni touché, ni entendu parler d'un couteau, n'aura jamais l'idée de s'en servir. Il en est ainsi de toutes nos actions, elles ne sont motivées que par l'expérience acquise de nos sens.

La pensée, la volonté, l'intelligence ne viennent ni de Dieu ni de Diablo, elles sont les effets de la mémoire, laquelle est l'ensemble de toutes les impressions de nos sens. On me dira que l'on pense quelquefois à des choses qui n'existent pas. Oui, comme on peut dessiner un homme avec une tête de lion, et un lion avec une tête d'homme, quoique l'on n'ait ni vu ni entendu parler de ces phénomènes ; mais si l'on a fait ce lion avec une tête d'homme, c'est parce que l'on a acquis la connaissance du corps d'un lion et de la tête d'un homme. Ce ne sont là que des faits analogues à la notion du nombre, par laquelle l'homme a la faculté de résoudre, par la pensée, les problèmes mathématiques. On se tromperait si on disait que l'homme ayant dans son cerveau les chiffres nécessaires, dispose d'un libre choix en plaçant, à son gré, les numéros qu'il lui faut pour avoir le chiffre qui doit résoudre le problème demandé ; si l'homme était véritablement libre, on n'aurait besoin que de lui donner la connaissance des neuf chiffres fondamentaux, il saurait de lui-même disposer ses chiffres à sa volonté et à son utilité. Il n'en est rien, et l'homme à qui l'on n'apprend rien ne sait rien du tout, donc, quand il résout régulièrement un problème, il ne fait pas acte de volonté, mais il agit sous l'impression des idées qu'il a régulièrement reçues dans son éducation et à cause d'un objet, d'une raison, d'un mot qu'il aura entendu ou vu et qui lui donne l'idée, la pensée du problème ; par exemple, si quand nous sommes jeunes, au lieu de nous apprendre 1 et 2 font 3 ; 3 et 2 font 5, on nous impressionnait l'oreille par le son de 1 et 2 font 5 ; 5 et 2 font 3, etc., et que nous ne voyions jamais ni n'entendions le contraire, nous ferions nos calculs de cette façon sans comprendre qu'ils sont faux, et sans avoir l'idée qu'ils puissent l'être. Un aveugle sourd n'aura jamais l'idée des étoiles du firmament, ni de tout ce qu'il ne peut toucher, et n'en parlera jamais ; on ne pensera jamais à une chose qui ne repose sur une base déjà acquise. Toute invention est impossible, l'homme n'a rien, et ne peut rien inventer ; car, dans le vrai sens du mot, invention signifie création, c'est-à-dire sortir une chose du néant, ce sont les choses qui se sont révélées à l'homme, mais non pas l'homme qui a fait apparaître les choses ; toutes les découvertes — mais non les inventions — qui existent actuellement ne nous ont été acquises que par l'expérience de nos sens, et puisqu'il faut, pour connaître une chose, que celle-ci impressionne les sens, il est impossible que les sens la connaissent si elle n'existe pas ; voilà pourquoi j'ai dit que l'invention était une impossibilité, et qu'en tout il n'y avait que modification à une chose déjà acquise, ce qui est le même fait que celui de la notion du nombre.

Mais, me dira-t-on, puisqu'on suppose un homme primitif, il doit être évident qu'à sa naissance il devait n'y avoir aucunes sciences mathématiques et physiques et, puisqu'elles existent aujourd'hui, il faut bien que quelqu'un les ait inventées. Non, cela n'est pas, avant sa naissance et de toute éternité, les sciences ont existé, il ne manquait à cette époque que des hommes et des expériences pour s'en apercevoir.

Examinons un moment un enfant qui vient de naître..... il est couché et ne cesse de remuer, soit les bras, soit les jambes, soit la bouche et la langue pour crier ; s'il dort, il semble rêver, parce qu'il fait marcher tous les mêmes membres, de temps en temps, malgré le sommeil ; tous ces mouvements paraissent involontaires parce qu'ils semblent n'avoir pas de but. Cependant, comme le dit Voltaire, il n'y a pas d'effets sans causes, le bras ne peut se mouvoir sans une action des fibres motrices, et ses fibres motrices ne peuvent être mises en action sans l'excitation des sens ou de la pensée, par l'intermédiaire des fibres sensitives ; il faut donc absolument une cause qui détermine les mouvements de l'enfant, et même du fœtus. Quelle est cette cause ? L'enfant ou le fœtus n'ont ni l'organe de la vue, ni du goût, ni de l'odorat, fort peu de l'ouïe, ou même pas du tout, il faut donc s'en prendre au toucher, mais dans le plus grand repos les mêmes mouvements ont lieu, soit en dormant, soit en veillant, donc plus de doute, ces mouvements ne peuvent être produits que par une pensée et nous pouvons assurer que l'enfant en naissant, et avant de naître, a des pensées diverses qu'il n'exprime que de la façon dont ses organes le lui permettent. J'avais besoin d'établir ceci pour continuer mon examen sur le libre-arbitre.

Il est un exemple où l'opinion du libre-arbitre s'abolit d'elle-même. On condamne l'assassin parce qu'il agit, dit-on, en connaissance de cause, au point de vue d'un intérêt quelconque, et qu'il pouvait éviter de commettre l'action inculpée. Je l'ai déjà dit, si la pensée existe elle est le résultat d'une sensation, et il n'y a qu'une autre sensation qui puisse empêcher cette pensée d'agir, par conséquent, l'acte de l'homme n'a de résultats différents que selon la nature des sensations qui le provoquent; l'être n'est toujours que l'instrument de ces sensations.

Celui qui se porte bien, qui n'est pas malade d'esprit et qui, avec le plus grand sang-froid et le plus ingénieux moyen, prépare et accomplit un assassinat contre lui-même, quel est, Messieurs les juges, l'intérêt qui le fait agir ? Ce fait si commun aurait dû, depuis longtemps, apporter l'attention de la justice et de toute les sciences à l'égard de la pensée et du libre-arbitre. Ce qui est criminel, dans un assassinat, ce n'est pas l'action de l'assassin, mais la mort de la victime; il y a aussi bien crime quand un homme se tue que quand il est tué, parce qu'il y a toujours perte d'un homme. Demandez à un homme qui ne réussit pas dans une tentative de suicide, à cause d'un secours qui le délivre, pourquoi voulait-il mourir; il ne vous donne que des raisons puériles, car, soit pour des chagrins d'amour — ces cas sont les plus nombreux — soit pour perte d'argent, ou pour toute autre chose, rien ne peut égaler le bonheur que la vie peut un jour lui procurer; un hasard peut faire réaliser les désirs de l'amoureux, changer son caractère, le temps peut lui donner une plus belle occasion pour jouir, sans obstacle, de sa passion, mille choses peuvent apporter au désespéré un bonheur qu'il ne prévoit pas au moment de son désespoir; tout homme qui, pour une cause quelconque, se détruit, commet la plus sotte, la plus insensée des actions. Les hasards de la vie peuvent apporter aux désespérés des occasions cent fois plus avantageuses que la cause de leur désespoir, la mort seule exclut toute espérance, toute possibilité, aucune raison ne peut justifier le malheureux auteur

du suicide, tout est contre lui, il a tout à perdre et rien à gagner, cependant il a tenté de le faire, il l'aurait fait sans le secours inattendu qui l'empêche de commettre un crime. Il n'y a pas un juge qui veuille condamner cette tentative criminelle, tous disent que c'est une idée fixe qu'il avait dans la tête et à laquelle il n'a pu résister, donc on ne peut rien faire à cet homme parce qu'il ne se fait du mal qu'à lui-même ; or, il est évident que tout le monde aime le bien, et que celui qui se fait du mal ne peut faire autrement. J'ajouterai même que l'homme qui se tue ne se fait pas plus de mal à lui-même que celui qui se met dans l'occasion d'être tué, en en tuant un autre ; tous les assassins savaient parfaitement qu'en accomplissant leur crime, ils se risquaient à perdre la vie sur un échafaud ; pour ces condamnés, l'intérêt individuel domine, le mal qu'ils ont fait à leurs victimes n'est plus rien à leurs yeux, tout le mal qu'ils ont fait ne se trouve plus que sur eux, toutes les fortunes de la terre ne valent pas trois jours de plus d'existence.

Un homme surprend tout à coup sa femme en flagrant délit d'adultère, un révolver se trouve sous sa main, il fait feu, tue son rival, tue sa femme, tourne l'arme contre lui, se blesse seulement, il est pris et jugé. Que va-t-on faire à cet homme qui perd tout, son repos, sa femme, son honneur, sa joie, en un mot, toute son existence? Le condamner, ce serait horrible, ce serait un crime, et cependant cet homme est un véritable crimi-nel. Si sa femme et son rival avaient conçu, malgré eux, une affection si grande, si irrésistible et si homogène, qu'ayant cent fois fait le projet de mourir, ils se soient décidés à ne pas com-mettre ce double crime et à risquer l'indulgence du mari, étaient-ils coupables, ces deux malheureux, de falloir souffrir de pareils tourments pour ne pas satisfaire à un sentiment qu'ils ne de-mandaient pas et qui s'est imposé à eux? Etait-ce leur faute, si le juge, en imposant la loi contre le sentiment du cœur, en liant indissolublement deux êtres qui, ne s'étant vus que de loin et croyant se convenir, s'aperçoivent, quand ils se connaissent, qu'ils se sont trompés et que leurs deux cœurs, adversaires implacables, seront obligés, pour leur salut commun, de briser une chaîne que la loi se refuse de délier? Aura-t-elle raison, la justice qui, en forçant ainsi ces deux infortunés au délit d'adultère, qu'elle qualifie de crime, les poursuit ensuite à titre de criminel? Dans tous ces désastres où nul n'avait aucun intérêt, nul ne voulait rien faire et tous ont fait, quels sont les coupables et quelle responsabilité ont-ils? Aucune et le seul coupable est la loi, qui a établi une justice pour punir les choses mal faites, avant d'établir l'instruction qui apprenne au peuple les choses qu'il doit faire.

Je suppose maintenant un homme qui, au lieu d'avoir l'idée de se donner la mort, pense de la même manière à l'égard d'un autre; par exemple, l'individu qu'on a détourné du suicide et qui, néanmoins, reste convaincu qu'il faisait une action juste, qu'il ne fait que différer, verra son voisin dans le désastre, il croit loyalement que la mort serait pour lui son plus grand service, et, dans sa bonne foi à cette utilité, il se met en devoir de la lui donner. Que fera la justice à cet homme? La chair, les biens, la vie de son voisin n'est pas plus chère que la sienne, s'il a cru bien faire d'en finir avec la vie, il le croit également pour celui qui est dans la même situation ; s'il n'est pas coupable d'une manière, il ne doit pas l'être de l'autre, et pourtant, la justice qui ne demande rien à celui qui a voulu se suicider, condamne le même homme qui, dans une circonstance analogue, veut rendre à son ami un service qu'on l'a empêché de se rendre à lui-même.

Je le répète, l'homme ne devrait imposer son jugement à un autre qu'après avoir, d'abord, entièrement justifié du droit qu'il en a, et ensuite connu les causes et l'origine de l'action qu'il juge.

La pensée, l'intelligence, la mémoire n'étant que le résultat de l'impression des sens, il y aurait un échafaud par personne et une exécution par jour qu'il y aurait quand même des assassins; je crois pouvoir même assurer que plus la punition d'un crime fera du bruit, plus on provoquera d'idées de le commettre. On voit généralement les suicides et les crimes se commettre par série, une fois c'est la pendaison, l'autre fois l'asphyxie, etc. Dans les crimes, tantôt c'est la strangulation, tantôt le poignard, tantôt le pistolet, etc. On n'avait jamais eu l'exemple d'un criminel qui eût coupé sa victime en morceaux, successivement le fait s'est répété ; après Billoir ce fut Vitalis, Barré et Lebiès, Provost. L'exécution, ni les clameurs de toute la presse de France contre Billoir n'ont pas empêché les autres de suivre son exemple ; il est même à peu près certain que s'ils n'en avaient rien su, ils n'auraient pas eu la même idée. On a vu des frères de pendu répéter sans cesse : Oh, cela ne m'arrivera pas à moi ! et à force de le dire, d'avoir à la mémoire ce souvenir toujours présent, ils ont fini par succomber fatalement au même sort. Qui ne se rappelle le drame affreux de l'affaire Garcin ! les témoins rapportant que Garcin avait toujours été fou d'amour pour sa jeune fille, même à l'instant où il allait la jeter dans le puits, il l'embrasse avec effusion, la presse sur son cœur en lui disant d'une voix sanglotante : Oh ! ma pauvre fille ! tu vas mourir, embrasse-moi encore une fois, chère enfant, car il faut que je te tue ; et après l'avoir arrosée de ses larmes, après l'avoir écoutée, du haut du puits, jusqu'à son dernier soupir, s'en aller en gémissant sur son déplorable sort. Il n'y avait là aucune de ces intrigues qui forcent parfois à ces extrémités. Garcin ne donna à la cour d'assises que des futiles raisons, disant que la femme avec laquelle il vivait le lui avait conseillé ; eh ! bien, Garcin, ce pauvre malade, Garcin, ce fou d'un nouveau genre, a été condamné aux travaux forcés.

Si les médecins visitent, à leur mort, la cervelle de ces malheureux suicidés, ils trouvent qu'elle est comme la nôtre, qu'il n'y a rien de désorganisé, et que c'est là une maladie qui est héréditaire dans la famille et qui provient de la composition du cerveau.

Pauvre science que la médecine ! Ce cerveau, qu'on croit malade, est aussi sain que tout autre, il ne diffère des idées qu'il contient que par la différence des impressions qu'il a reçues.

La même cause produit un effet analogue, sur une chose que l'on défend, on est sûr que plus la défense est rigoureuse plus le désir d'y désobéir est grand, plus un secret paraît important, plus on est en danger de le révéler. C'est la comédie qui se joue tous les jours dans la vie des êtres ; des choses de la moindre importance, qui ne nous semblent que de simples futilités, sont cause quelquefois des plus grands événements, comme d'autres fois le grand, le redoutable, le terrible se brise, s'anéantit et disparaît, invisible et sans bruit, sans produire plus d'effet qu'un grain de sable qui s'abat au milieu d'un immense désert.

Encore une fois, cherchez la cause si vous voulez vous rendre maître de l'effet. Des philosophes célèbres ont prétendu que les fléaux de l'humanité, la guerre, les crimes, les maladies, étaient des choses nécessaires, que l'on ne peut annuler. Erreur, cent fois erreur, si l'homme pense tantôt à tuer, tantôt à soulager, c'est une preuve que ces deux pensées ont deux causes différentes ; connaissez-les et vous pourrez en déterminer l'une et empêcher l'autre ; tout n'est, dans la vie, qu'un problème mathématique, disposez convenablement les chiffres, et vous aurez la solution cherchée.

Je suis désolé quand je vois ce qu'on appelle la Justice, prendre des peines inouïes pour qu'un condamné ne se tue pas dans les prisons ; quand je vois les soins, les remèdes, les précautions qu'on prodigue au coupable, pour lui donner la force d'aller jusque sur l'échafaud, je me sens le cœur déchiré, j'en ai versé maintes fois des pleurs de rage et de désespoir.

Au lieu de laisser ignorer à toutes les intelligences que des crimes se commettent, on va montrer au public toute l'abomination que contient notre nature humaine; au lieu de ne prêcher que le bienfait et la douceur, on va montrer à un peuple qu'il existe des monstres qui ont assassiné et des hommes chargés d'assassiner ces monstres. Quel pitoyable sentiment que celui de faire savoir partout que l'on est criminel, sujet à l'infamie, à l'horreur, à tout ce qu'il y a de plus abominable, quand on devrait, au contraire, cacher honteusement les fautes de nos semblables et étaler solennellement la moindre de ses vertus.

Ne voit-on pas que l'impression d'une exécution reste éternellement dans le cerveau, et provoque un millier de pensées différentes sur le crime qui l'a nécessitée. Ne comprend-on pas le désastre que l'on cause dans ces jeunes cervelles de dix à vingt ans, qui n'avaient eu, jusque-là, que des idées de plaisir ou de travail, des amusements enfantins ou des caprices de l'amour, et à qui, par cet exemple, on donne la connaissance de tous les vices, de l'orgueil, de la paresse, de l'envie des richesses et de tous les abominables moyens qui servent à procurer ces infâmes passions, car l'intelligence, l'imagination ne s'arrêtent nulle part, elle apprend qu'on fait mourir un homme parce qu'il voulait de l'or pour vivre sans rien faire, qu'en vivant sans rien faire et avec de l'or, il goûtait des plaisirs qu'on ne peut avoir sans cela; alors, quand cet individu se trouve dans l'occasion, l'envie le gagne, cette fortune, qu'il sait la source de tant de plaisirs, le tente et, s'il n'a pas eu plus d'horreur du crime que d'envie du bonheur qu'il pense en retirer, il n'aura pas d'idées, de réflexions assez fortes pour y résister, il suit le chemin qu'il a vu suivre à d'autres. Voilà, en fait de morale, tout ce que peut donner la décapitation publique.

L'intelligence de l'être n'étant donc que le résultat de l'expérience acquise par l'impression des sens, l'homme ne peut avoir que les idées que ses sens lui ont fait percevoir, et ces idées seront de la nature des impressions qu'il a reçues; par conséquent, un homme qui n'aura jamais lu ou jamais entendu une mauvaise parole ne la dira jamais. La conduite d'un homme ne dépend que du genre de son éducation, et il n'y a de responsable, dans ses actes, que les choses qu'il a vues, entendues, connues, et qui lui ont formé une intelligence plus ou moins bonne; l'opinion du libre-arbitre est une désastreuse erreur.

Revenons à la question. Que faut-il faire pour empêcher le mal et quelle punition appliquer à ceux qui le font ? Puisque le mal existe, il est indispensable de ne pas le laisser agir. Si l'homme qui tue est un malheureux non-coupable, l'homme qui est tué n'est pas un coupable heureux. Il faut empêcher la liberté et le pouvoir de la mauvaise pensée, mais il ne faut pas, pour cela, tuer l'agent involontaire de la pensée mauvaise. L'abolition de la peine de mort est ce qu'il y a de plus utile, c'est la première réforme à faire, la punition du coupable par une détention doit être rigoureusement maintenue ; l'homme qu'on conduit à la mort ou à la prison est une cervelle perdue et consacrée au mal, elle ne ferait jamais un sujet utile si elle n'était réprimée ; une cervelle entraînée au mal est dangereuse, il faut absolument qu'elle ne soit pas nuisible, seulement, au lieu de condamner l'homme à la mort ou à la souffrance, il faut, au contraire, le traiter avec les plus grands soins pour le guérir, il doit être gardé avec attention, mais dans la plus grande liberté possible, sa position doit être considérée comme celle d'un fou, car il n'y a entre ces deux hommes qu'une seule différence, l'un a eu les idées régulièrement mal placées, et l'autre les a eues brouillées subitement ; le premier agit régulièrement mal, l'autre agit mal et bien, sans ordre et sans régularité, mais tous les deux sont irresponsables de leurs actions.

Au lieu de condamner les prisonniers à casser des amandes, ou à faire des semelles de souliers, on doit leur imposer l'instruction la plus développée et la plus morale et pouvant lui donner la connaissance d'une industrie ou d'un état quelconque ; on doit lui donner des livres d'un style qui puisse attacher le lecteur avec intérêt ; que le genre de morale soit opposé le plus possible à la situation du prisonnier, au lieu de faire allusion à ses actes passés, car, moins il y pensera, plus vite il aura changé de caractère et de mœurs. Dans de telles conditions, l'homme n'aura bientôt que le désir d'essayer l'industrie ou l'état qu'il a appris, la science qu'il a reçue ayant modifié sa nature brute, les sentiments du juste et du beau auront pris la place de ses anciens défauts, et quand l'homme sera assez instruit, il devra être mis en liberté, mais seulement dans un pays étranger, avec sa famille, si tel est son désir, afin de ne pas risquer à réveiller, dans son pays, soit parmi ses anciens compagnons ou par toute autre circonstance, des souvenirs de son ancienne conduite. Il pourra vivre alors honnêtement et heureux, sa punition n'aura été qu'une école industrielle qui aura eu pour résultat de sauver un homme perdu, et de le rendre utile à la société, au lieu de le ravir à l'existence. Voilà pour le mal existant.

Pour le mal à prévenir, il n'y a rien d'impossible; une fois la cause connue, et l'origine de cette cause dévoilée, on peut parfaitement diriger les actions d'une façon ou d'une autre. On peut faire que dans un siècle il n'y ait plus, ou presque plus, des criminels et des voleurs, et cela, beaucoup plus facilement qu'on ne saurait le croire; seulement il faut bannir tous les préjugés, chercher le mal, adopter un remède et l'appliquer.

N'est-ce pas déplorable, la vie actuelle dans l'humanité ! Déplorable, dis-je, elle est horrible. Prenez individuellement, l'un après l'autre, tous les hommes de la terre et demandez-leur s'ils veulent s'égorger sur un champ de bataille. — Tous vous diront qu'il faut la paix et que la guerre est une horreur; huit jours après, la guerre est déclarée et tous ces hommes qui en ont horreur y vont transportés de joie, en chantant de grand cœur un massacre prochain. Ces hommes ne se connaissent pas entr'eux, ils se rendront service dans l'occasion, ils sacrifieront même leur vie l'un pour l'autre dans un moment de péril, mais pour le moment, sans motif, sans raison et ne sachant ni pourquoi, ni pour qui, ils vont s'égorger les uns les autres. Ils auront pleuré sur la tombe d'un ami, ils auront frémi à la condamnation à mort d'un inconnu, dans une cour d'assises, ils auront, dans un frisson, senti leur sang se glacer, quand le fatal couteau de l'échafaud tombe sur la victime criminelle, puis ils chantent pleins de joie et de fierté quand ils ont massacré, dans un combat, que'ques milliers de pères de familles. On imagine mille moyens, mille secours pour sauver une femme ; si elle est grosse, que d'atten-tion! que des égards! On s'exposera ensuite à mille dangers pour délivrer son enfant d'une maladie, d'un péril quelconque, après, on égorgera cette femme, on massacrera cet enfant, on fusillera le père, sans crainte, sans pitié, avec enthousiasme, parce que c'est la guerre, et devant ces monstruosités, l'esprit de l'homme contemple tranquillement ce qu'il appelle les lois de la provi-dence. Devant l'horreur, le crime, la barbarie, les philosophes s'amusent par des hypothèses ridicules, stupides, et avec des arguments mystérieux, des mots incompréhensibles, des contes impossibles, à nous dire que ce sont là des faits nécessaires d'une volonté parfaite et toute-puissante, et, parce qu'il est parlé de ces imaginations, de ces impossibilités, de ces Dieu, Diable, anges, démons, il ne faut voir dans ces épouvantables fléaux qui nous désolent que la preuve d'une infinie justice divine; parce que, de tous temps, des rois, des misérables ont fait des guerres, il faut se figurer qu'elles sont indispensables, et ne pas parler de les anéantir. Hélas, quelle vie, quelle nature que l'humanité! Eh! bien, à mon avis, laissant aux jugements des consciences indignées ces Rois, Dieu, Diable, qui rendent ces atrocités néces-saires, je crois que le bien, le bonheur, la paix, peuvent rempla-cer ces malédictions; le mal peut être banni de la nature, et voici par quels moyens :

Que l'instruction soit répandue à son plus haut degré; qu'elle soit imposée souverainement à tous les êtres humains; que l'exé-cution, publique ou non, soit supprimée, la peine de mort abo-lie de n'importe quelle manière que ce soit ; que les comptes rendus par les journaux de tout ce qui a rapport à la justice, tels que : crimes, vols, fraudes, etc. soient défendus; que les cours d'assises et toutautre lieu de justice soient privés; que les enquê-tes judiciaires se fassent dans le plus grand silence; que le cou-pable découvert soit conduit, jugé et condamné, suivant la peine annoncée plus haut, dans le plus grand silence et le plus secrètement possible, de manière qu'il n'y ait que la famille du condamné qui soit informée de ce qui la concerne.

La peine de mort abolie, la justice aura toujours la faculté de rectifier son jugement, en cas d'erreur, en temps et lieu nécessaire. Ces punitions secrètes et plus morales que corporelles, laisseront les esprits beaucoup moins occupés du vice et des crimes qui se commettent, les parents du coupable plus tranquilles et moins impressionnés du déshonneur qu'il leur cause ; dans de telles conditions, en faisant tout ce qu'on pourra pour cacher toute mauvaise action, ne voyant plus rien sur les journaux, n'entendant plus parler de meurtres, occupés continuellement dans leur vie, aux sciences et aux arts, les gens, au bout d'un certain temps, se croiraient au sein du pays de la vertu, ce qui serait une influence des plus heureuses dans les nouvelles générations, les cerveaux ne seraient plus remplis de tous ces drames de la vie et les maux de l'humanité auraient bientôt disparu.

L'instruction est le plus grand moteur de la civilisation parce qu'elle introduit forcément dans l'esprit des pensées justes et utiles ; le travail est d'une grande utilité à la morale, parce qu'il occupe utilement l'esprit. Le roman n'est pas si nuisible au progrès que veulent bien le dire certains philosophes ; je crois, au contraire, qu'il contribue puissamment à développer l'esprit de justice dans la foule ouvrière ; seulement, je voudrais qu'on y supprimât toutes ces pages sanglantes dont on se plaît à les orner, que le drame y disparaisse et qu'on en circonscrive l'intrigue entre le bon et le meilleur, mais que le mauvais en soit exclu. Je ne voudrais pas qu'un assassin fût vaincu par un sage homme, mais que l'homme sage fût vaincu par un meilleur, que le traître ne succombât pas sous la franchise, mais que l'indifférence succombât sous le dévouement, que l'usurier ne finît plus par être dupe de son égoïsme, mais que l'abnégation triomphât de l'économie.

Que la littérature ne fasse plus lutter les mauvaises passions contre les bonnes, c'est un progrès insuffisant ; je voudrais que

le bon fût en lutte contre le parfait, ce serait mieux. Faire
triompher la vertu du vice, c'est bien, c'est agréable, mais cela
paraît bien naturel à la génération actuelle et laisse encore, dans
des esprits bornés ou inférieurs, un certain équivoque sur le
plus ou moins de justice des actions du personnage vertueux et
vicieux, tandis qu'en faisant triompher le parfait du naturel, ce
n'est plus beau, c'est sublime ; l'esprit se sentirait élever au-
dessus de la nature, ce serait précéder le temps dans le progrès,
ce serait accélérer sa marche.

Tel est ce que j'ai à dire, au point de vue philosophique, sur
la pensée, qui fait la volonté et l'intelligence de l'homme ; ce ne
sont que les impressions des sens qui la produisent, tout ce que
nous connaissons n'est que le produit de l'expérience, et je ne
conçois pas que des esprits comme Voltaire aient cherché à faire
intervenir dans l'intelligence de l'homme un être imaginaire
dont ils ne pouvaient ni comprendre, ni exprimer, ni démontrer
l'existence. M. Claude Bernard, le savant physiologiste mort
dernièrement à Paris, s'est laissé aller à dire que la pensée était
probablement une sécrétion de la matière ; il est regrettable
qu'il n'ait pas défini clairement son opinion, car il a laissé entre-
voir qu'il comprenait la vérité sur ce sujet, mais des considéra-
tions religieuses trop longtemps respectées l'ont empêché de la
dire ; il aurait pu, sur l'autorité de son nom, terminer une fois
pour toutes cette question de l'âme. Il est difficile de concevoir
une sécrétion de la matière qui puisse avoir une nature pensante,
et surtout qui réponde aux phénomènes des fous, idiots, sourds-
muets. M. Claude Bernard comprenait bien, quand il s'est ex-
primé ainsi, que l'opinion du libre-arbitre était une erreur; ce
qui l'a conduit à formuler particulièrement cette expression,
c'est l'évidence où il était que tous nos sens concourent à la
création de nos pensées, mais comme chacun de nos sens enlevé chez diverses personnes — sauf le sens du toucher — ne
diminue en rien notre force intellectuelle, notre savant professeur ne remarqua pas, ou ne voulut pas remarquer, qu'une fois

la sensation perçue et groupée dans le cerveau, le sens qui l'a produite peut être enlevé sans que pour cela la sensation disparaisse. Son opinion est à peu près équivalente à la nôtre, avec la différence qu'au lieu d'une sécrétion, notre système est un pur effet d'électricité, suivant invariablement les lois physiques de la nature, et par lesquelles les sensations perçues et emmagasinées dans le cerveau sous forme d'étincelles électriques, ont le pouvoir, en réagissant sur les mêmes fibres sensitives qui les ont produites, de renouveler à l'intérieur les mêmes impressions, moins la perception des sens, c'est-à-dire de produire ce qu'on appelle une pensée. Le système de Claude Bernard n'aurait pu expliquer le progrès qu'on provoque dans tous les cerveaux au moyen d'une éducation soutenue.

Pour terminer cet article, rappelons, au sujet du libre-arbitre, le fameux axiome du philosophe Buridan, appelé l'âne de Buridan. Pour prouver que l'animal est parfaitement libre de ses actions, Buridan suppose un âne qui aurait, dans une égale mesure, besoin de boire et de manger, et entre lequel on mettrait, à une égale distance, un sceau d'avoine et un de l'eau. Si l'âne, dit-il, n'est pas libre, il n'aura pas la faculté de choisir entre les deux, et puisqu'il a autant de besoin de l'un que de l'autre, il faudra donc qu'il meure de soif et de faim entre le boire et le manger.

C'est là, assurément, le plus fort argument en faveur du libre-arbitre, mais Buridan ne savait pas que l'âne se dirige d'un côté, plutôt que de l'autre, non pas par son simple caprice, mais par le plus d'impression que lui a fait l'un des deux sceaux, soit au sens de la vue ou à celui de l'odorat.

Ainsi, dans toute condamnation à mort, la justice devient un crime et les juges, des criminels, au point de vue de la morale et de la philosophie.

CHAPITRE X.

De la pensée, ou l'âme au point de vue physiologique.

Tout ce que nous voyons, touchons, sentons, entendons et mangeons forme des impressions, c'est-à-dire que toutes ces impressions perçues dans notre intérieur, nous sont révélées par la connaissance qu'elles nous donnent des couleurs, odeurs, sons, formes dures ou molles, mets doux ou amers, qui communiquent avec nous ; toutes nos impressions, une fois perçues, vont s'emmagasiner dans deux hémisphères moëlleux appelés Lobes cérébraux ou cerveau Cette accumulation forme ce que nous nommons la Mémoire ; on appelle Sensation, l'effet qui se produit dans la perception d'une impression, et Pensée, l'effet qui a lieu quand une impression perçue et logée dans le cerveau, en agissant sur la même fibre qui l'a perçue, renouvelle, sans impression extérieure, la sensation primitive ; dans cet effet, nous disons que nous venons de penser à une telle sensation. La pensée est toujours involontaire et ne peut être autrement. Cette multiplicité de sensations intérieures, sans l'impression actuelle de la chose à laquelle on pense, est la mémoire proprement dite ; au lieu de dire qu'une sensation s'est reproduite intérieurement, on dit, j'ai réfléchi à un tel fait, j'en ai eu l'idée dans ma mémoire ; phrase vulgairement dite et qui exprime d'une manière très exacte le phénomène de la pensée. Une fois réunies dans le cerveau, ces impressions, agissant sur les fibres motrices et sensitives, déterminent, tantôt des pensées, tantôt des mouvements.

On tirera un coup de fusil ; les vibrations sonores pénètrent dans l'oreille ; de là, elles sont conduites dans le cervelet, où la perception s'effectue, et l'on a entendu le son ; cette perception, dirigée dans le cerveau, peut réagir sur la fibre sensitive qui l'a conduite et renouveler la sensation qu'on en a eue, ce qui fait que l'on pense au coup de fusil entendu jadis.

Maintenant, qu'est-ce que ces perceptions qui, réfugiées dans le cerveau, ont le pouvoir d'agir sur les fibres nerveuses motrices pour mettre les mouvements de locomotion en fonction, et sur les fibres nerveuses sensitives pour renouveler la sensation et donner une pensée? Je ne suis pas obligé de le dire, ou du moins de prouver les suppositions qu'on pourrait hasarder. La question est d'une importance tellement grande et tellement obscure qu'on ne peut ni l'expliquer ni la passer sous silence ; la définition, toute hypothétique, que je vais essayer d'en donner n'a, pas plus que les autres, des preuves matérielles à son appui par la raison qu'il ne peut y en avoir sur ce sujet, mais c'est la seule qui, au point de vue philosophique et physiologique, rende compte de tous les faits de la nature humaine. Toutes les définitions qui ont été données jusqu'aujourd'hui, outre d'être la plupart absurdes et inexplicables, n'ont rendu compte d'aucune objection J'aurai pu donner ici une réfutation des systèmes les plus autorisés, ce qui m'eût été très facile, mais le chapitre précédent m'en dispense par l'évidence et la logique qu'il contient ; on a vu, en effet, trop clairement que le mécanisme de la pensée ne pouvait être autre part que dans l'impression des sens, l'explication de ce mécanisme n'est plus qu'une question de détail qui, si elle échappe encore à la description, n'en empêche pas la vérité de l'ensemble.

Voici donc ce qu'on pourrait dire : L'objet qui impressionne un sens quelconque doit électriser les fibres nerveuses sensitives de ce sens, le courant électrique (1) arrivant dans le cervelet à se trouver en contact avec une autre électricité, produite par le mouvement continuel du sang, peut produire une commotion

(1) Voir note à la fin.

électrique et déterminer la perception de la sensation ; c'est-a-dire que c'est l'explosion de cette électricité qui serait la sensation reçue. Dans cette commotion électrique une étincelle s'est dégagée et a suivi le fil conducteur jusque dans le cerveau ; ce serait cette étincelle qui, emprisonnée dans les lobes cérébraux, déterminerait, par son action sur les fibres nerveuses sensitives et motrices, les pensées et les mouvements propres à ces pensées.

On m'objecte ici que je ne fais de l'homme qu'une machine automatique semblable aux animaux de Descartes. Je répondrai que l'objection ne m'effraie pas, que je l'accepte et l'affirme sans hésiter, et c'est ce qui explique pourquoi il n'est pas libre, pourquoi nous avons osé dire en commençant : Ni religion, ni Dieu.

Descartes n'était pas un fou quand il a dit que les animaux étaient des machines automatiques, il comprenait bien l'erreur du libre-arbitre, il voyait bien qu'il n'y avait là, ni âme divine, ni volonté providentielle, et, s'il n'a pas mis l'homme au niveau des autres animaux, s'il a dit une sottise en affirmant que l'homme pense, mais que l'animal ne pense point ; ce n'est pas qu'il fût assez sot pour ne pas le comprendre, mais il y avait encore trop de préjugés sur la foi d'un Dieu et pas assez de progrès dans la science, pour oser le dire ; il a voulu sauver une religion plutôt qu'une vérité.

Je ne dirai rien de plus sur ce chapitre-là, les études sur le cerveau sont très difficiles, et le rôle qu'il joue est encore fort obscur. On aura un jour raison des obscurités qui nous embarrassent encore aujourd'hui, je crois pour mon compte en avoir assez dit, sur ces délicates questions, pour satisfaire les lecteurs qui comprendront que je ne laisse de côté que ce qui est hors de mon domaine philosophique. Prêt à répondre ailleurs sur les objections qu'on pourrait me faire, je croirais sortir de la route que je me suis engagé à suivre si je m'étendais sur des développements physiologiques qui n'auraient pas de rapport avec le titre de cet ouvrage. J'ai parlé de la pensée, qu'on peut confondre avec l'âme, parce qu'il y a une solidarité entre cette question et celle de Dieu à cause des systèmes philosophiques qui ont fait de celle-ci, un effet de celle-là.

Il y a encore, dans les opinions des philosophes, quelques questions qui nous intéressent, et que nous allons passer en revue, pour tâcher de ne laisser aucune prise au fanatisme religieux que nous avons heureusement poursuivi jusque ici.

CHAPITRE XI.

De l'Influence divine et de l'Instinct.

Il est des faits et des choses dans la nature dont l'homme a su si bien en utiliser les résultats, qu'on a prétendu que ces faits et ces choses avaient été prévues et créées expressément pour lui. On a appelé cela la prévoyance divine ; il faut donc rétablir la vérité de ces faits pour ne laisser aucune prise à la religion.

Dans un livre sérieux, et d'un auteur astronomique des plus connus, je lis la fantastique phrase suivante : « Si le soleil était « aussi rapproché de nous que la lune, sa force d'attraction « serait telle, en raison de sa masse, qu'il ferait passer les eaux « de l'Océan par dessus les plus hautes montagnes. Inutile de « dire que notre globe serait inhabitable. Je fais abstraction de « sa chaleur qui réduirait les eaux en gaz et la terre en une « masse incandescente. Heureusement la sagesse infinie qui a « tout créé a aussi tout prévu et les millions de lieues qui nous « séparent du soleil en font pour nous un astre bienfaisant au « lieu d'un agent de destruction. » (1)

(1) Annuaire Mathieu (de la Drôme) 1864, page 34.

Le savant auteur qui fait cette réflexion a-t-il raison de dire que, dans la distance de la terre au soleil, il y a une prévoyance divine? La science cosmogonique dit le contraire; lui-même, Mathieu (de la Drôme), approuve l'avis contraire en reconnaissant le mouvement de l'univers par le pouvoir des lois physiques; mais à supposer que cela fût vrai, qu'arriverait-il, si sa remarque était une réalité? Il arriverait ce qu'il dit — que la terre ne serait qu'une masse incandescente. — Je ne parle pas des eaux qui passeraient les montagnes ou qui se réduiraient en gaz, parce que l'auteur savait bien que si le soleil était à cette proximité de la terre, celle-ci n'aurait jamais eu de l'eau, ni des montagnes, à sa surface, vu qu'elle aurait toujours été incandescente — donc, la terre incandescente serait inhabitable, et n'aurait jamais pu être habitée; par conséquent, le soleil ne pourrait jamais être un agent de destruction, par la bonne et simple raison qu'il n'y aurait rien à pouvoir détruire; il ne peut donc pas y avoir là une prévoyance divine, car, je ne pense pas que la terre inhabitée souffrirait d'être incandescente. Quand elle a commencé son existence elle l'était incandescente, et, malgré la respectable distance du soleil, tout ce que Mathieu (de la Drôme) suppose était à cette époque un fait réel, il n'y a pas eu, et il ne pouvait y avoir, pour cela, de destruction. Quand la terre a été assez solidifiée, des habitants ont pu y vivre, et ces habitants ne pouvaient s'y développer que quand elle a offert une chaleur, une atmosphère et une solidification favorables.

Toutes les fois qu'on mêlera Dieu aux lois de la mécanique et de la physique, on écrira des sottises, ou alors il faut qu'on le fasse absolument nul, ce qui ne vaut pas mieux que de n'en rien dire du tout. Toutes les fois qu'on a voulu le faire agir, soit dans la création, soit dans la direction des choses de la nature, on a fait des absurdités, parce que le progrès fait toujours son chemin, les faits accomplis restent, et, au bout d'un certain temps, on trouve absurde ce qui avait été regardé comme sublime. Que les hommes qui croient à Dieu prennent bien garde de ne le faire intervenir en aucune action, s'ils ne veulent pas le rendre ridicule, parce que Dieu exprime l'infinie perfection, tandis que l'homme le plus grand et le plus éclairé, devant le progrès qu'amèneront les siècles à venir, n'est qu'une imperfection ridicule. Il est donc évident que ce que cet homme attribue aujourd'hui à Dieu, comme paraissant digne de lui, ne sera pas, dans les siècles futurs, au niveau de ce que la perfection doit faire.

Si le soleil était aussi près de nous que la lune, nous n'aurions pas encore existé, nous n'aurions jamais eu la possibilité de nous en plaindre ; la terre, au lieu d'avoir été habitée depuis 50 ou 60 millions d'années, ne le serait que dans quelques milliards de siècles, ce qui n'est pas plus, dans l'éternité, qu'une goutte d'eau dans l'Océan. On sait qu'à mesure que la terre vieillit son atmosphère se modifie, l'air est convenable aujourd'hui à la vie d'êtres qui n'auraient pas pu vivre il y a dix mille ans, nous en avons la preuve dans le grand nombre d'animaux qui ont disparu, sans pouvoir se perpétuer, tels que les Mastodontes, le grand Rhinocéros, etc., nous voyons aujourd'hui qu'un certain nombre tend à disparaître, comme l'Orang-Outang, le Chimpanzé, le Gorille, l'Eléphant, qui ne se maintiennent qu'à grand'peine, et deviennent de plus en plus rares ; il en est ainsi de la race noire des hommes, elle finira par disparaître totalement. L'homme européen suivra tôt ou tard la même route, un jour viendra où la plupart des mariages seront stériles, la population de moins en moins nombreuse, puis, la race disparaîtra, après ce sera les animaux terrestres d'abord ceux qui ne volent pas, ensuite les oiseaux, après les poissons, puis les plantes, puis la terre elle-même. Mais qu'on ne s'effraie pas de cette catastrophe, il y a encore des milliards d'années à attendre, ce qui fait que nous n'avons pas à la craindre. Précédons par la pensée ces siècles à venir et figurons-nous être au jour où il n'y aura plus, çà et là, que quelques hommes frêles et toujours maladifs, fort expérimentés, mais dépourvus d'énergie, et à la veille d'en finir avec l'humanité, en ensevelissant ses derniers rejetons, ces hommes pourront dire : Comme la sagesse infinie est imprévoyante et maladroite, si elle avait placé la terre un peu plus près du soleil, notre planète serait moins vieille, l'atmosphère plus vivifiante, nos familles plus nombreuses, plus robustes, tout nous serait plus avantageux ; Dieu a bien mal organisé l'univers. Ces hommes n'auraient pas raison de blâmer ainsi l'organisation universelle, puisque nous jouissons aujourd'hui de ce qu'ils se plaindraient de ne pas avoir. De même, la supposition de Mathieu n'est pas juste, parce qu'elle a réellement existé dans des temps passés.

Il faut que tout ce qui commence finisse, que le jeune vieillisse et le vieux meure ; ce qui commence tôt finira tôt, ce qui commence tard finira tard, mais tout, dans l'existence, est fait pour arriver à cette même fin : la mort. La réflexion de Mathieu (de la Drôme) est dépourvue, en tout est pour tout, de bon sens.

Un célèbre naturaliste, M. Laurent de Jussieu, écrit ceci : Par un soin providentiel, les œufs des poissons qui frayent en hiver, sont précisément assez lourds pour qu'ils descendent au fond de l'eau où ils trouvent un abri, dans les profondeurs, contre les glaces et le froid. (1)

Eh ! bien, si ces œufs n'étaient pas pesants pour pouvoir aller au fond de l'eau, il est évident que les glaces les détruiraient, les empêcheraient d'éclore ; il ne pourrait donc pas exister des poissons faisant leur frai en hiver ; donc, pour qu'il puisse exister des poissons frayant en hiver, il faut absolument que leurs œufs se trouvent dans des conditions favorables à l'éclosion, soit sous le rapport de leur poids, ou de leur enveloppe, ou de toute autre chose ! Voilà donc une chose toute simple, toute naturelle, qui ne peut pas être d'une manière différente, et qu'on attribue à un soin providentiel. Si dès le commencement il s'était trouvé des poissons faisant leur frai en toute saison et dont les œufs eussent eu des milliers de qualités diverses, il est clair qu'il

(1) Notions de Physique et d'Histoire naturelle par L. de Jussieu.

n'aurait pu se perpétuer que ceux qui se trouvaient dans des conditions en rapport avec la rigueur des saisons ; il n'y a pas d'autres soins que les lois immuables de la nature. Nous ne sommes pas l'homme primitif, nous n'avons pas vu tout ce qu'il peut s'être détruit de bon dans les premiers temps de la création ; ce que nous devons voir, c'est ce que ces fanatiques providentiels ne veulent pas voir, c'est-à-dire que nous n'étudions aujourd'hui certaines choses que par la bonne et simple raison qu'elles existent ; si elles ne s'étaient pas trouvées dans des conditions favorables à l'existence, nous n'aurions pas la faculté de les étudier et nous aurions cependant tous le bon sens de ne pas nous en plaindre.

Je vais faire, avec le plus grand sang-froid, cette description scientifique à M. de Jussieu : Dès les premiers temps il existait un certain lézard, inoffensif et agréable à la vue, dont la viande était si friande et si nourrissante — pour lui, en termes plus techniques, je dirai si riche en carbone et azote — qu'il suffisait d'un seul de ces lézards pour nourir excellemment, et pendant plusieurs jours, une nombreuse famille ; ce singulier reptile oviparre avait un chant des plus harmonieux, et, pour comble de bonheur, il était d'une fécondité miraculeuse — il pondait plusieurs milliers d'œufs — malheureusement, la providence lui avait donné un instinct si fatal qu'il ne pouvait se dispenser d'aller faire ses œufs dans les trous d'un carnivore digitigrade, de la famille des Martes, qui en était on ne peut plus friand, ce qui fait que nous n'avons pas eu le bonheur de connaître cet animal qui nous aurait été d'une si grande utilité.

M. de Jussieu va me répondre, d'abord que je suis un fou de faire une pareille invention, car, il est évident qu'avec un pareil instinct, cet animal n'aurait jamais eu l'honneur d'être connu de quelqu'un, ensuite, il me dira qu'à supposer qu'il ait existé, il n'y avait là aucune maladresse de la providence et que ce n'est qu'une fatalité de la nature qui en est cause. J'accepterai ces explications, car je ne veux pas, systématiquement, accuser la providence d'un tort que je ne reconnais pas, mais ce que je

pourrais dire, c'est que la providence a eu le tort impardonnable de ne pas faire exister cet animal qui, en remplaçant avec
avantage, le blé et la pomme de terre, nous épargnerait toutes
les peines de la culture ; seulement je m'en garderai bien, car, à
ce tort impardonnable de la providence, M. de Jussieu pourrait
bien m'opposer l'impardonnable péché d'Ève. Glissons donc sur
cette question de jurisprudence que nous avons mise à l'appréciation de tout bon juge, au commencement de ce livre. Je ferai
à M. de Jussieu une dernière objection qui sera mieux en rapport avec ses connaissances naturalistes. M. de Jussieu n'ignore
pas qu'il est des animaux amphibies qui détruisent une grande
quantité de ces œufs de poissons qui restent au-dessus de l'eau,
ou qui flottent entre une faible couche d'eau; il sait aussi que le
flux et le reflux de l'Océan en rejettent un nombre considérable
sur les côtes, qui deviennent ainsi stériles, il n'ignore pas, non
plus, que la température du fond de l'Océan est à peu près au
même niveau l'été comme l'hiver, il concluera donc, avec moi,
que ce Dieu qui aurait prévu les glaces de l'hiver, n'aurait pas
pensé aux débordements et aux amphibies et que, pour que son
soin fût efficace et indiscutable, il devait les faire peser tous
assez, sans exception, pour qu'ils fussent restés au fond, l'hiver
comme (l'été).

Je ne sais s'il y a, dans les réflexions de ces hommes, un parti-
pris systématique en faveur de la religion ou s'ils sont de bonne
foi — ce que j'ai peine à croire — cependant, voici un auteur
qu'on n'accuse pas de fanatisme religieux, et qui en dit tout autant sur une question analogue ; Voltaire, après avoir bien réfléchi, pose cette question : Pourquoi une mère aime-t-elle son
enfant aussitôt qu'il est né? Elle ne le connaît pas encore et elle
sacrifiera sa vie pour lui, il faut bien qu'il y ait là une influence
de la sagesse divine J'en demande pardon aux mânes de ce grand
homme, je suis bien fâché de contrarier un écrivain tel que lui,
mais j'ai l'habitude de dire, devant qui que ce soit, ma façon de

(1) Voir, à la fin, la note à ce sujet sur la *Floraison*

penser. D'abord, Voltaire n'a jamais compris la cause ni le mécanisme des idées et des sentiments, sans quoi il n'aurait jamais écrit cette phrase, il faut, dans son opinion, que cette influence soit tantôt bonne et tantôt mauvaise, ou qu'il accepte deux influences contraires, une de Dieu et l'autre du Diable, hypothèse qu'il a toujours raillée. Il y a des mères qui, au lieu d'aimer leurs enfants en naissant, se mettent en mesure de les faire mourir, avant qu'ils naissent, par toutes sortes d'artifices malicieux et criminels, d'autres qui les étouffent en venant au monde, d'autres qui les abandonnent ou qui les noient, à quelques jours ou quelques mois d'existence, d'autres qui les empoisonnent ou les assassinent, quand ils sont grands, d'autres qui ne les aiment ni ne les haïssent jamais de leur vie, d'autres qui, sans les tuer, les haïssent toujours. Il faut dire qu'il y a également le réciproque des enfants envers leurs père et mère, sur toute ces citations. Par quelle influence agissent-elles ces mères criminelles, qui sont hélas trop nombreuses ?

Dans la seule journée du 19 avril 1878, il y a eu, dans Paris seulement, six infanticides ; ces six mères ne devaient pas avoir un amour bien divin pour leur enfant, car, quatre ont eu l'infâme courage de les jeter vivants dans des fosses d'aisance, l'autre l'a jeté dans la Seine et la dernière l'a abandonné sur une touffe d'herbe, dans les Champs-Elysées. Ce seul fait donne à comprendre ce que valent ces paroles de l'Evangile : Dieu n'abandonne jamais le pauvre dans son malheur. Ces pauvres petits êtres ne devaient pas être de bien mauvais chrétiens — ils étaient âgés tous de moins de deux mois — l'on peut être cependant certain que Dieu n'a pas songé à les secourir, pas plus qu'à inspirer à leur mère une affection plus humaine, car ils sont tous morts.

Ni dans la physiologie humaine et animale, ni dans la vie végétale, il n'existe aucune influence providentielle, par la raison que Dieu, ou la providence, n'existe pas. Tous les fous qui voudront se fier aux paroles de l'Evangile, ci-dessus citées, apprendront, à leurs dépens, qu'ils peuvent mourir de faim sans que ni Dieu, ni Diable viennent les secourir. Tous les actes des êtres ne sont que des faits de l'expérience; il n'y a pas d'autre intelligence directrice que l'éducation que l'on reçoit.

On pourrait se méprendre sur des faits qui ont amené Descartes à admettre la théorie des idées innées, et qui ne sont autre chose que ce qu'on appelle aujourd'hui l'Instinct. Il n'y a pas d'actions ayant un but sans qu'il n'y ait eu, préalablement, impression dans le cerveau. J'en suis fâché, pour des savants physiologistes qui ont soutenu l'existence de l'instinct, mais, malgré toute l'autorité de ces savants, on peut dire que cette opinion est, je ne dirai pas aussi fausse, mais aussi mal comprise que celle des idées innées de Descartes.

Béclard dit : Le castor arrache des branches, les place au travers du courant, enfonce des pieux, forme ainsi une digue sur laquelle il construit son habitation. La fourmi quitte le champ de bataille pour venir chercher des renforts à la fourmilière. L'abeille se décharge sur ses prisonniers des travaux de la communauté. La mygale établit à l'entrée de sa demeure un couvercle à charnières. Mais la fourmi, l'abeille, le castor n'ont point appris tout cela. L'individu, séparé de ses parents dès sa naissance, se livre instinctivement aux mêmes actes; il fait toujours de la même manière et jamais autrement. A peine l'abeille est-elle sortie de son sommeil de chrysalide, à peine est-elle née, qu'elle s'envole, va chercher la fleur, y puise le suc et sait retrouver sa ruche. Elle est aussi instruite le premier jour qu'elle le sera plus tard. Evidemment ce sont là des actes irréfléchis, nécessaires et qui méritent le nom d'instinct.

Je ne crois pas que M. Béclard puisse prouver qu'une fourmi qui aura été séparée et élevée seule, depuis sa naissance, aille quérir des renforts pour la bataille; qu'une abeille qui a toujours été seule commande à des prisonniers supposés; il est faux que le castor élevé seul se livre aux mêmes travaux, parce que cet animal ne vit qu'en société, et qu'on n'a pas fait l'expérience pour pouvoir l'affirmer ; il est faux que l'abeille, au sortir de son alvéole, aille trouver la fleur. L'abeille a des yeux qui voient, un odorat qui sent, un goût qui choisit; si elle s'envole, elle regarde où elle va, elle va où elle voit, elle sent ce qu'elle a vu, et elle goûte ce qu'elle a senti.

Prenez-là au sortir de l'alvéole et bouchez-lui les yeux, vous verrez si elle ira instinctivement trouver la fleur. Bouchez-lui le sens de l'odorat, vous verrez si elle choisira instinctivement la fleur qui lui convient; annulez-lui le goût, vous verrez si elle distinguera la fleur empoisonnée de la fleur mielleuse. J'ai pris, un matin, avant son lever, une abeille qui, loin d'être encore novice, habitait la ruche depuis un an, elle devait savoir, par expérience, où se trouvaient les fleurs des environs, je lui ai bouché, à l'aide d'une forte loupe, les deux yeux avec de la gomme, en prenant soin de ne pas lui faire du mal et, m'étant muni de quoi manger et boire, je l'ai lâchée et suivie toute la journée ; l'abeille s'occupa d'abord à essayer, avec ses pattes, de déboucher ses yeux ; n'ayant pu y parvenir, elle prit le vol vingt minutes après, mais au lieu d'aller dans une direction assurée, elle s'éleva en tournant, de manière à ce que les cercles qu'elle décrivait formait un tire-bouchon. Je la perdis un moment de vue, mais, soudain, je la revis tombant presque verticalement à terre ; là, elle se débattit, voltigea et marcha pendant trois heures ; après elle reprit le vol pour aller machinalement se heurter à une touffe de thym, où elle resta, tantôt assoupie, tantôt remuant à peine, jusqu'à midi. Dès ce moment, les trois vols qu'elle reprit, dans l'espace de quatre heures de temps et tous les trois en tourbillonnant, ne ressemblèrent plus qu'à des efforts tentés contre une souffrance intérieure; enfin, elle s'éleva encore une fois à la hauteur de trois ou quatre mètres, prit une direction horizontale et alla s'abattre dans un buisson de romarins, d'où elle ne ressortit plus. J'ai pu constater qu'elle ne prit aucune nourriture de la journée ; le soir, je pris soin de la couvrir d'un globe en treillis de fil de fer, et je revins le lendemain matin pour voir ce qu'elle deviendrait, elle n'avait pas bougé de la place où je l'avais laissée la veille au soir, j'enlevais le globe, je la pris et la lançai en l'air ; à peine put-elle modérer sa chûte, elle tomba sur l'herbe où, après s'être traînée sans doute dans une affreuse agonie, elle mourut à neuf heures du matin. De quoi est-elle morte ? Il est évident que la faim devait la tourmenter, elle n'eut pas cependant l'instinct de sucer les fleurs qui l'entouraient, et où son odorat la conduisait toujours; il est également certain que le trouble où la mettait la privation de la vue ait causé chez elle un désordre assez grand, une souffrance peut-être, qui lui ait ôté une partie de ses facultés prétendues instinctives, mais l'instinct qui ne devrait ne pouvoir disparaître, si instinct il y avait, celui qui se présente dans toutes circonstances à l'idée de tout individu quelconque, celui-là, l'abeille privée de la vue ne donna aucune marque de sa présence; qu'elle n'eût pas l'instinct de sucer la fleur, dans une telle situation, je le conçois, mais qu'elle n'eût pas celui de se sauver, en présence du danger, dans sa demeure, dans sa ruche, je conclus qu'il n'existe pas, car on sait que tous les animaux, en présence du danger, ont ces deux choses présentes à l'esprit : se défendre et se cacher chez eux.

Le pigeon retrouve son pigeonnier, quand il a été transporté à des centaines de kilomètres; ce n'est pas par instinct, c'est par expérience. Il s'oriente, soit à l'aide de grosses montagnes, soit à l'aide des astres. Un jeune pigeon se perd ; un pigeon qui est vieux, mais qu'on n'a jamais laissé sortir, se perd également ; un pigeon de basse-cour qui sort, qui a acquis de l'expérience et qu'on enlève de son pigeonnier, le retrouve s'il n'en est pas trop éloigné, mais il se perd s'il en est à des grandes distances. Le seul pigeon que la distance n'arrête pas, c'est le pigeon à demi-sauvage, petit, et allant prendre sa nourriture au loin dans les champs, au lieu de la trouver dans le pigeonnier, parce que ce pigeon, s'élevant à des hauteurs très grandes, et allant très loin, a la faculté de connaître, à des distances très grandes, la position

de sa demeure. Il ne faut pas cependant croire qu'il est infaillible, il n'a pas, comme les marins, une boussole à son service, et,
s'il a l'intelligence de reconnaître, dans les astres, la direction
de sa demeure, il ne sait pas à quelle distance elle se trouve,
tantôt il se perd en la dépassant et tantôt en n'allant pas jusqu'à
elle, s'il n'y a quelques signes caractéristiques qui la lui fassent
reconnaître. La preuve de tout cela, c'est que tout pigeon, porté
à des grandes distances et lâché par un brouillard consécutif de
deux ou trois jours, se perd infailliblement. Nous pouvons con-
clure de cela que le pigeon ne retrouve pas sa demeure par un
sentiment instinctif, mais par le fait de son expérience ; or, pourquoi le même fait, dans deux animaux, aurait-il une cause différente ? Si le pigeon retrouve son pigeonnier par expérience,
pourquoi l'abeille ne retrouverait-elle pas sa ruche par les mêmes moyens ?

On me dit qu'il y a des faits tellement inexplicables qu'on ne
peut nier un instinct. Bon, parce qu'il y a des faits inexplicables,
on ne trouve qu'une chose à faire, c'est de les expliquer ; au lieu
de rejeter tous préjugés là-dessus, de douter de tout, et de ne
s'étonner de rien ; on trouve mieux de ne faire ni une, ni deux,
mais d'affirmer carrément l'inexplicable, on dit, c'est l'instinct.
Qu'est-ce que l'instinct ? Décrivez-le ? Faites-nous-le connaître ?
Rien, nous affirmons, mais nous n'expliquons pas. Un journal
de Marseille donnait un jour un article sur l'instinct merveilleux
qu'on aurait remarqué chez les écrevisses. Ces animaux, mis
dans un bassin accommodé pour cela, l'auraient franchi plusieurs
fois et toujours pour aller dans une direction persistante ; intri-
gué de ce mystère et voulant s'en rendre compte, on reconnut
que leur but était d'aller dans un ruisseau éloigné et pour lequel
il fallait traverser une route. L'article concluait de cela que ces
animaux étaient doués d'un merveilleux instinct.

Si nous étions absolument certains que les sens des animaux
leur sont inutiles et qu'ils n'ont pas les mêmes pouvoirs que les
nôtres, si nous étions sûrs qu'ils n'ont pas d'idées, pas de pen-

sées, qu'ils ne se consultent pas, qu'ils ne se comprennent pas, qu'ils ne peuvent pas s'entendre entre eux, comme nous, si nous avions, par contre, la faculté de leur poser des questions auxquelles ils fussent dans la possibilité de nous répondre, et, qu'après leur avoir demandé pourquoi et comment ils font telles choses, ces animaux nous eussent répondu qu'ils n'en savent rien, qu'ils ne le comprennent pas, que ni leurs yeux, ni leurs oreilles n'y sont pour rien, nous pourrions supposer une vertu inexplicable, un pouvoir mystérieux qui, n'ayant pas de cause, aurait des puissants effets, et que nous nommerions Instinct; encore, le sage qui ne doit mettre en avant les pouvoirs métaphysiques, c'est-à-dire imaginaires, tels que le Destin, l'Instinct, la Providence, que quand il n'y a pas d'autres moyens plus naturels et plus compréhensibles, ce sage dirait probablement que ces animaux n'ont pas assez d'instruction et d'intelligence pour se comprendre, mais qu'il se passe en eux des faits qui peuvent être très clairs, très simples, qu'ils ne connaissent pas à cause des moyens pratiques qu'il leur manque pour en acquérir la connaissance ; mais comment, l'homme ne voit rien, ne comprend rien, n'entend rien aux drames, aux comédies qui peuvent se jouer dans la vie des animaux, et il vient, sans hésiter, leur attribuer un pouvoir fantastique et incompréhensible pour cause de toutes leurs actions ! Qui me prouve que les écrevisses n'avaient pas le sens de l'ouïe assez fin, assez subtil, pour entendre le bruit du ruisseau et le comprendre ? Il peut se faire aussi que les ruisseaux possèdent des matières odorantes pour ces poissons et non pour nous.

Un fait plus inexplicable que celui des écrevisses, c'est la construction, par les polypes, de l'éponge appelée la coupe de Neptune et que M. Pouchet, le savant professeur de l'Académie de Rouen, a décrit dans son beau livre *Des Infiniment grands et des Infiniment petits.* Les polypes sont de très petits animaux qui, groupés par milliers, forment d'un commun accord et sans qu'ils puissent communiquer l'un et l'autre, une forme de vase d'une régularité irréprochable. M. Pouchet, qui comprend encore la construction de l'alvéole, parce que les abeilles peuvent s'entendre, en se communiquant, se demande qui annonce à ces petits animaux, qui ne peuvent ni se voir, ni s'entendre, qu'arrivés à une certaine hauteur il faut que tous en même temps s'élargissent ou se rétrécissent, dans leur construction, pour arriver à leur régularité, et, ne trouvant rien à répondre à cela, M. Pouchet voit, dans la coupe de Neptune, une influence providentielle et le plus beau défi que l'on puisse jeter à la tête du matérialisme. M. Pouchet va un peu trop loin dans ses réflexions, je lui conseille, puisqu'il réfléchit si vigoureusement, de rester dans ses expériences ; ce n'est pas une raison, parce que ses microscopes ne découvrent rien, que sa bouche rapporte qu'il n'y a rien.

Si un habitant de la lune venait chez nous et qu'il vît, du même coup d'œil, fondre le buste de la République en Amérique et la tête en France, dans des dimensions si justes l'une pour l'autre que, voyant l'ensemble s'adapter régulièrement, ce lunien vînt crier aux oreilles de M Pouchet : C'est infailliblement Dieu qui a donné aux Américains et aux Français l'instinct de fabriquer spontanément et d'un commun accord, des pièces si régulières l'une pour l'autre, car, il faut à ces gens des mois entiers pour se communiquer, tandis que pas plus tôt il a été décidé de cette construction qu'elle s'est accomplie. M. Pouchet, en homme savant et complaisant, ferait comprendre, sans doute, à cet habitant émerveillé de la lune, qu'il y a dans cet Océan un fil de cuivre qu'il ne soupçonne pas et qui a un pouvoir, appelé Électricité, qu'il soupçonne encore moins, qui a dit, dans dix minutes, aux Américains, de fondre une pièce de tant de longueur et largeur, tandis qu'eux, Français, fondaient l'autre pièce sur tant de largeur et de longueur. Jugez de l'étonnement du lunien quand M. Pouchet lui prouverait cela. Il est fort probable que s'il avait lui-même le pouvoir de poser sa question aux polypes, de manière qu'ils pussent lui répondre, il éprouverait un étonnement pareil.

Qui le lui prouve, à M. Pouchet, que les polypes, ou d'autres animaux, ne peuvent avoir aucun moyen de communication et d'entente ? Qui lui prouve qu'avant de commencer leur ouvrage, les ouvriers ne savent pas dans quelles conditions ils devront le construire ? Rien autre que l'ignorance qu'il en a. Les bêtes ont des sens, comme les hommes, les pouvoirs physiques de la nature agissent également sur les leurs comme sur les nôtres, ils peuvent donc en recevoir les mêmes impressions et leur produire les mêmes résultats. Je ne vois entre l'homme et un autre animal que la différence de forme, le plus ou moins d'intelligence provient du plus ou moins de perfection dans leur organisme. L'animal qui a les cinq sens bien conformés et la circulation du sang comme celle de l'homme, aura autant de facilité de penser, quoique ayant moins d'intelligence et les idées plus brutes, parce qu'il a une moins longue expérience que l'homme. Nous sommes les animaux les plus intelligents parce que nous communiquons le plus avec nos semblables. Les animaux les plus sociables doivent être, généralement, les plus intelligents, en tenant compte, toutefois, de leur perfection organique plus ou moins grande.

Si l'on compare l'homme d'aujourd'hui avec l'homme de l'âge de pierre, et que nous supposions, dans le passé, une marche rétrograde égale aux cinq derniers siècles, nous n'aurions plus qu'une bête brute quand nous arriverions à un million d'années passées. L'intelligence du singe actuel est probablement de beaucoup supérieure à celle de l'homme d'il y a cent mille ans. (1)

On m'a raconté un fait qui se rapporte aux idées innées de Descartes : Un fermier me disait que les pourceaux, aussitôt nés,

---

(1) On attribue à la terre 6 milliards d'ans d'existence et 69 millions d'années d'habitation.

allaient attraper les mamelles de la mère, par ordre de naissance, le premier prenait la première du côté de la tête, et tous
ainsi de suite jusqu'au dernier. Il ajouta qu'il arrivait quelquefois que le pourceau, en s'amusant, laissait prendre sa place à
un autre, mais qu'une fois la place prise, elle était toujours reconnue et jamais contestée. Je ne sais pas si ces affirmations sont
bien exactes, j'en doute, mais à supposer qu'elles le soient, pour
pouvoir expliquer comment ces animaux savent en naissant la
mamelle qu'ils doivent prendre, il faudrait savoir le genre d'idée
qu'aurait un homme qui n'aurait jamais rien vu, ni entendu, et
qui n'aurait plus rien senti depuis sa naissance, chose qui n'est
pas possible.

Le fœtus entretient, dès le troisième mois, un contact médiat
entre le sang de sa mère et le sien, les fibrines nerveuses sensitives communiquent également par le placenta, le cordon ombi-
lical, etc. Il peut parfaitement se faire que la mère transmette
à l'enfant les impressions qu'elle reçoit, et que le fils, en naissant, ait déjà dans sa cervelle un certain nombre d'idées. Si le
fils est, à sa naissance, entièrement libre de ses organes, il peut
faire agir ses mouvements au but de ses idées ; si, au contraire,
il se trouve privé de ses sens jusqu'à un certain temps, les idées
qu'il a agissent, et mettent ses organes locomoteurs en fonction,
mais sans qu'ils atteignent leur but ; tels sont les mouvements
des êtres humains à leur naissance. On sait fort bien que des
impressions trop grandes qu'une femme reçoit dans sa grossesse,
se reproduisent quelquefois sur l'enfant comme une sorte de
photographie, il ne faut donc pas s'étonner que les pensées d'une
mère opèrent sur l'encéphale de l'enfant le même résultat. Le
pourceau pourrait donc, de cette manière, avoir reçu de sa mère,
avant de naître, la connaissance des actes qu'il exécute une fois
né, puisque son organisation le lui permet.

L'enfant, qui ne voit rien en naissant, attrappe, pour le teter,
quoi que ce soit, si le doigt, ou tout autre chose le touche, il
cherche tout de suite à le teter, il sait donc bien qu'une mamelle

existe, et il est plus que probable que s'il avait la vue, il la connaîtrait et saurait la trouver ; si c'étaient là des actes instinctifs, l'enfant connaîtrait, par le toucher, la nature de la mamelle ; l'art d'élever les enfants au biberon est une preuve formelle contre l'instinct, et affirme que l'être n'agit et ne connaît que par expérience.

L'amour d'une mère pour ses enfants, ainsi que nous l'avons déjà démontré, n'a rien non plus d'instinctif ; l'oiseau abandonne ses petits quand ils peuvent se suffire, parce qu'il a été lui-même abandonné à cette époque. Je crois fermement que l'homme ou la femme qui n'aurait jamais vu d'êtres vivants, n'aurait jamais un sentiment d'amitié. On sait que l'être ne connaît ni père, ni mère, ni frères ; on peut le prendre à sa naissance et l'élever, il croira que ses parents sont ceux qui le nourrissent, il ne connaît que ce qu'on lui apprend. Donc, de ce côté-là, pas d'instinct non plus ; cependant quel cas demanderait plus utilement un instinct ou une influence providentielle, que celui dans lequel un fils donnera la mort à son père, sans savoir qu'il lui doit la vie, sans que rien le lui fasse connaître ? Une mère aime généralement son enfant parce qu'elle a appris qu'il fallait l'aimer, parce qu'elle voit que d'autres les aiment, parce qu'elle se rappelle qu'elle a été aimée ; une jeune fille qu'on élèverait isolément, sans jamais entendre, ni voir personne, de sorte qu'elle n'eût connaissance ni de la haine, ni de l'amitié, et qu'on rendrait enceinte, par des moyens artificiels, sans qu'elle n'eût rien connu de sa nouvelle situation, laisserait mourir son enfant à sa naissance, sans l'aimer, ni le haïr, sans comprendre la nature de ce phénomène.

On me dit que deux enfants de sexe différent laissés ensemble dans l'ignorance la plus absolue, finissent par s'aimer et faire usage de leur nature sexuelle ; le fait n'est peut-être pas impossible, il n'est assurément pas prouvé ; mais il y aurait ici un fait de physiologie et non d'instinct. La vue et le toucher influencent et peuvent, comme pour l'imagination, don-

ner des idées inconnues, mais en rapport avec une impression
perçue; si les deux enfants élevés à part, dans la même ignorance, étaient réunis à l'âge favorable à l'union des sexes, il est
plus que probable qu'ils resteraient longtemps encore de le réaliser, s'il y avait instinct, l'amour conjugal se développerait à
l'âge voulu sans le secours des sens, il serait universel dans la
même race, et nous avons, au contraire, des exemples nombreux
d'individus qui restent toute leur vie dans une indifférence complète et qui ont pourtant une organisation irréprochable.

On connaît généralement qu'un individu est intelligent rien
qu'à voir la vigueur et l'éclat de ses yeux ; la vue étant le sens
qui reçoit le plus de sensations, il est évident que, plus les yeux
sont vifs et sensibles, plus ils percevront facilement les impressions. L'homme qui a les yeux vifs et perçants est, à coup sûr,
plus intelligent que celui qui les a engourdis. On prétend que
les sourds-muets, les aveugles, ont des dons particuliers de la
nature, c'est une erreur; seulement, ayant un sens ou deux de
moins, ils sont obligés de prêter une grande attention, soit à ce
que l'un voit sans pouvoir entendre, soit à ce que l'autre entend
sans qu'il puisse voir, ce qui fait que, dans ce calme attentif, aucune impression ne lui échappe et il parvient ainsi à compenser
le sens qui lui fait défaut On sait aujourd'hui qu'il n'existe pas
des muets proprement dits, mais seulement des sourds ; donc,
si le muet ne parle pas, ce n'est pas qu'il n'en ait pas la faculté,
c'est parce qu'il n'a jamais entendu le son. Ces seules remarques
suffisent pour prouver clairement que la pensée n'a pas d'autre
origine, ni d'autres causes, que celles que nous lui avons données

On peut donc assigner, dans une certaine mesure, le genre de
caractère qu'on désire à un enfant, en se conformant, dans son
éducation, au genre d'impressions qui peut lui être le plus favorable. Si vous voulez qu'un enfant n'ait jamais de haine, tâchez
de ne jamais lui en parler, ni lui en laisser voir et entendre. Si
l'on veut détruire les maux qui existent, il n'y a qu'un seul

moyen, c'est de ne plus en parler, et surtout de ne plus en décrire les détails ; le remède ne sera pas radical, parce que la vue facilitera encore la connaissance des mauvaises passions, mais comme tout le peuple entier ne lirait que le bien de partout et que la vue ne pourrait se rendre compte que du mal local, il est certain que l'idée du bien gagnerait rapidement. Voulez-vous abolir une chose, n'en parlez plus, elle s'abolit d'elle-même. Telle est mon opinion, pour la pensée, et ma maxime, pour la morale.

CHAPITRE XII.

De la Création de l'Homme.

Jusqu'ici j'ai rendu raison, dans la mesure du possible, de toutes les raisons qui pouvaient être avancées pour faire admettre l'hypothèse de Dieu, jusqu'ici, avec la logique de notre côté, nous avons triomphé de cette hypothèse. Ici, dans la question de la création de l'homme, ni par la métaphysique, ni par la science expérimentale, il est impossible d'affirmer positivement comment et par quels moyens l'homme a été créé.

A ces aveux loyaux, un grand nombre de mes lecteurs vont sans doute me plaindre ; avoir lutté jusqu'ici avec avantage contre les préjugés et les traditions ridicules, maintenant, presque à la fin de notre œuvre, tout notre échafaudage s'écroulerait, toutes ces erreurs, vaincues et repoussées de tous ses plus petits refuges, trouveraient encore, dans cette question, un trou pour se cacher et d'où elles railleraient encore, d'une manière ironique, mais non satisfaite, nos efforts impuissants à les anéantir complétement. Eh ! bien, non, chers lecteurs, le fanatisme et les mystères religieux n'auront pas encore la faveur de trouver là un abri à leurs sophismes, et, si nous ne pouvons assiéger, à l'aide de la science, ce puissant fort de l'Obscurité, au moins nous avons la force d'empêcher les superstitions de s'y réfugier.

L'Humanité a des maux et elle se révolte contre ces audacieux médecins qui, ayant supposé une cause, ne se plaisent qu'à la maudire ou à la contempler, selon qu'ils prétendent que le malade finira tôt ou tard par en guérir ou par y succomber. Si le prolongement de la maladie fait l'affaire de ceux qui la traitent, il n'en est pas de même de ceux qui souffrent ; ceux-là ne demandent pas s'ils seront vainqueurs ou vaincus, ils souffrent, qu'on les soulage, ils ont des maux, ils demandent des remèdes.

Que la religion nous dise que Dieu est infiniment bon, infiniment juste, ce peut être l'avantage du denier de Saint-Pierre, mais l'honnête homme doit regarder d'abord ce qui lui est visible, si son compagnon souffre son devoir est de le soulager ; les actes d'abord, les appréciations ensuite. Quand le mal aura disparu de l'humanité, quand le bien seul ennuiera les hommes, libre alors aux fous superstitieux d'inventer des imaginations fantastiques pour les désennuyer ; en attendant, arrière les contemplateurs des mystères, et place aux expérimentateurs des faits réels.

Si les hommes s'en étaient tenus aux fanatismes des religions, Moïse, Jésus, Mahomet, Brahma, Luther, auraient fait de la terre le trône de la mort ; la science et la philosophie en feront le jardin de l'humanité.

Si la question de la création de l'homme est encore obscure, ce n'est certes pas avec les mystères de la théologie qu'on pourrait l'éclaircir. Il est plus que probable que si les astres n'existaient pas, il n'y aurait pas des êtres. Si le mouvement dans l'espace a créé les astres, que ceux-ci aient produit leurs habitants ou que l'espace leur en ait donné les premiers bourgeons, la source doit avoir une même cause. La première analogie des faits naturels nous dit ceci : Puisque les êtres viennent par la terre, ils doivent être venus de la terre ; puisqu'ils vivent de l'air et des produits de la terre, ils doivent avoir été formés par l'air et par la terre. Comment cela s'est-il effectué ? Il n'y a personne au monde capable de le dire. Si nous savions tout nous serions capables de tout faire.

Il y a, dans les recherches de cette question, deux hypothèses; l'une prétend à un nombre infini de germes primitifs, produits comme les atomes des astres, l'autre croit à la métamorphose perpétuelle de la matière. La continuité de la reproduction, par germe, de la généralité des êtres vivants, semblerait confirmer la première opinion ; les modifications et transformations incontestables que tous les types subissent, par la suite du temps, feraient pencher pour la théorie contraire. Evidemment, dans ces deux opinions il doit y avoir du vrai, cependant elles diffèrent trop pour les confondre, et ici, comme dans la philosophie, chaque auteur doit avoir une partie de la vérité, ce qui fait qu'entre tous ils doivent la tenir toute. Toutes les sciences établies ont été amenées par une infinité d'opinions différentes, une fois la vérité dévoilée, reconnue, si l'on prend tous les hommes qui s'en sont occupés, on la retrouvera toute entière, un peu chez l'un, un peu chez l'autre ; dans toute discussion, si l'on cherche le point de vue général et que l'on prenne, un peu chez l'un, un peu chez l'autre, tout ce qui vise ce point, on aura la solution la plus juste de la question.

Voyons si, avec ménagement et sans rien affirmer — on ne doit affirmer que ce que l'expérience autorise — nous pourrons arriver à une supposition vraisemblable sur cette question. Nous savons que tout ce qui brûle absorbe de l'oxygène et dégage de l'acide carbonique ; par conséquent, quand la terre a été solidifiée, c'est-à-dire quand elle a eu brûlé pendant un temps assez long, elle avait consommé une certaine quantité d'oxygène et dégagé en place de l'acide carbonique. Donc, au commencement de la solidification, quand quelque chose a pu vivre sur la terre, l'atmosphère était probablement plutôt composé d'acide carbonique que d'oxygène. Nous savons également que les végétaux absorbent, pour vivre, le gaz acide carbonique et dégagent de leur respiration l'oxygène. Chez les animaux, c'est précisément le contraire qui a lieu ; d'où il résulte que les végétaux ont préparé la vie aux animaux, s'ils leur sont antérieurs, et réciproquement les animaux l'ont préparée aux végétaux, si ceux-ci leurs sont postérieurs. Comme l'atmosphère primitive, lors du commencement de la vie, était celle qui est favorable aux végétaux, je conclus qu'ils ont devancé la race animale. Les deux races s'étant perpétuées avec une égale énergie, sans altérer leur mode de respiration et de vie, il est à peu près certain qu'elles sont d'une source différente l'une de l'autre ; c'est-à-dire que la race animale doit avoir pris naissance sur la terre pour son propre compte, sans les métamorphoses du règne végétal. La théorie de Darwin n'est donc pas exacte, les parties constituantes des premiers animaux doivent être différentes et indépendantes des végétaux, mais d'animal à animal et de végétal à végétal, il doit n'y avoir eu que les métamorphoses qui ont produit les types et les races.

La terre qui, en brûlant, a absorbé du gaz oxygène, doit avoir dans sa composition une partie de ce gaz, et, par la même raison, si elle dégage de l'acide carbonique, elle devait avoir le principe constitutif de ce gaz ; si elle brûle toujours, c'est une preuve qu'elle a encore le produit de l'un et le principe de l'autre La terre avait donc, avant toute vie, des molécules de carbone, produisant de l'acide carbonique, et des molécules oxygénées, produites par l'absortion de l'oxygène.

Nous savons que certains corps, de la terre absorbent de préférence tel ou tel gaz ; nous savons aussi que certains corps, munis d'un pouvoir appelé Electricité, manifestent une attraction ou une répulsion pour certains autres corps. Puisque l'électricité est un effet du mouvement, elle doit exister dès le commencement et ces corps doivent, de tous temps, être doués de ces pouvoirs, ou plutôt, ces pouvoirs d'absortion, d'attraction et de répulsion, se sont toujours manifestés sur les corps terrestres.

Supposons maintenant que, par cette électricité, un nombre de molécules de nature différentes se soient réunies ensemble, selon le degré et le genre d'électricité qu'elles ont — cette supposition s'opère journellement sous nos yeux — dans cette réunion il y aura des molécules qui absorberont de préférence un tel gaz, il est évident que, s'il n'y a qu'une sorte de gaz à absorber, il n'y aura que les molécules favorables à ce gaz qui en profiteront. Cette accumulation de gaz sur une molécule doit évidemment en augmenter son volume ; cette croissance, s'opérant sur des parties distinctes de la réunion supposée, doit former des sortes de petits bourgeons qui feront des branches, s'ils grossissent toujours. Admettons qu'il y ait dans cette réunion des molécules de carbone et d'oxygène, le gaz acide carbonique, qui doit être d'électricité différente que les molécules oxygénées, va se précipiter sur elles pour former ces petits bourgeons dont nous venons de parler ; au moment de cette collision il y a eu communication d'électricité, c'est-à-dire explosion électrique, qui a décomposé la molécule et dégagé son gaz oxigène, une fois l'oxygène dégagé, les molécules de carbone qui lui sont favorables s'en emparent et produisent, par cette réunion, une autre explosion électrique qui, en dissolvant les parties en contact, forme ce qu'on appelle le feu, c'est-à-dire qu'elles provoquent la combustion ; mais si au moment de cette collision il se trouve d'hydrogène en présence, il se forme de l'eau, qui aura pour effet de tempérer la combustion et de faciliter la croissance.

L'union de l'hydrogène et de l'oxygène forme un mélange gazeux et liquide très dense, appelé Eau. L'eau, en raison de son poids et de son état liquide, a la propriété de s'infiltrer dans la terre et de descendre tant qu'elle ne rencontre pas une matière imperméable, donc, les molécules de la réunion supposée qui absorbent l'hydrogène et l'oxygène auront, pour satisfaire à leur affinité, une croissance en bas. Cette croissance durera tant que toutes les molécules de la réunion n'auront pas concouru à leur entière transformation. Nous voilà donc en présence de deux croissances, une au-dessus de la terre, les branches ; l'autre au-dessous de la surface, les racines.

Pour que cette supposition fût vraisemblable, il faudrait que les plantes eussent deux respirations différentes ; que, tandis que les feuilles et les branches absorbent l'acide carbonique, les racines vécussent, au contraire, par la présence de l'oxygène et de l'hydrogène ; je suppose que cela doit être ainsi, mais je ne sais rien d'assez certain pour l'affirmer, cependant, comme les plantes en général ont besoin pour vivre d'être arrosées par l'eau, j'ai tout lieu de croire ma supposition probable. Donc, cette première plante croîtra tant que la réunion des molécules n'aura pas entièrement pris part à la combustion ; arrivée à ce résultat elle ne croîtra plus, mais elle vivra ; pourquoi ? Parce que toutes les fois qu'il y a combustion, il y a carbonisation ; or, si dans cette combustion il y a production de charbon, ces molécules de carbone solliciteront l'oxygène que les racines décomposent de l'hydrogène, dans la présence de l'eau. Ce gaz, qui a pour effet, en s'unissant au carbone, d'entretenir le feu ou la vie, aura donc une marche ascendante tendant à le faire monter, du bout des racines qui le décomposent, jusqu'au bout de l'intérieur des branches qui le consument ; il y a donc deux respirations dans les plantes, celle de l'acide carbonique, que les branches absorbent pour se développer, et celle de l'oxygène et de l'hydrogène, que les racines prennent dans l'eau pour entretenir la combustion intérieure, et qui forme la sève de la plante.

Voilà tout ce qu'il est permis de supposer pour l'origine de la première plante. Est-ce vrai que tout s'est passé ainsi ? Je ne le sais pas, je n'étais pas présent quand le phénomène a eu lieu, je ne saurai l'affirmer ; mais qu'il y ait eu des autres molécules et des autres gaz en communication, cela n'empêche en rien l'exactitude du système de création. La première plante n'a pu se développer que par un mécanisme analogue : les cristaux, les pierres, les roches croissent aussi par l'accumulation d'un gaz quelconque sur les molécules qui les constituent. Tout ce qui existe absorbe de gaz et, selon la nature des parties absorbantes, il y a différence de résultat. Pour moi, rien n'est mort dans la nature, il n'y a que différence et changement de vie ; une chose morte est une chose qui reste éternellement intacte ; toutes les fois qu'une chose change de forme, c'est une preuve qu'elle est en possession d'une vie ; or, comme rien ne dure éternellement, je dis que tout vit. Donc, de quelle nature que fussent les premières molécules et les premiers gaz en communication, on peut se persuader que la première plante ne s'est formée que par l'accumulation des gaz sur les atomes terrestres ; voyons maintenant où ceci va nous conduire.

On comprend facilement que ce qui s'est passé à un endroit a pu se passer partout où les mêmes gaz étaient en rapport avec la même réunion de molécules, et que, par conséque it, la même plante, ou même une grande variété de plantes, a pu pousser en une infinité d'endroits. Lorsqu'un certain nombre de plantes a été formé, le gaz acide carbonique aura été peu à peu épuisé ; les plantes, en fixant le carbone de ce gaz et en dégageant l'oxygène, auront graduellement transformé l'atmosphère, qui se trouvera peu à peu plus riche en oxygène ; quand l'oxygène, qui est le gaz vivifiant des animaux, aura été assez puissant, ceux-ci auront pu se développer. Ces animaux auront-ils existé par des transformations de plantes ? Je ne le crois pas possible ; la respiration des végétaux est directement opposée à celle des animaux, et les deux règnes s'étant perpétués distinctement avec la même énergie, ils doivent être indépendants l'un de l'autre ; si, par l'effet des modifications de l'atmosphère, les transformations graduelles de végétaux avaient donné naissance aux animaux, l'atmosphère favorable à la nouvelle transformation aurait été inévitablement défavorable à l'ancienne, et alors, à mesure que des métamorphoses se seraient opérées, les métamorphoses primitives auraient disparu ; le développement animal doit donc s'être opéré d'une manière analogue à celui du règne végétal, la seule différence est dans l'atmosphère.

Les atomes de la réunion que nous avons supposée pour la première plante, et qui ont opéré une croissance à l'intérieur, pour absorber les gaz oxygène et hydrogène, formés par l'eau, opèreront maintenant cette croissance à l'extérieur, puisque les gaz qui leur sont favorables se trouvent maintenant dans l'atmosphère nouvelle. Les atomes oxygénés qui, chez les végétaux, se sont développés à l'extérieur par la présence de l'acide carbonique, n'auront plus ce même pouvoir, parce que ce gaz leur fait défaut, mais ils croîtront dans l'intérieur de la réunion à mesure que la combustion produira de l'acide carbonique. Toutes les molécules trouvant ainsi des gaz favorables au-dessus de la terre, effectueront leur croissance sans y être liées, comme le sont les végétaux ; seulement, comme le changement de gaz dans l'atmosphère a pu produire un changement d'électricité, et par suite un changement de réunion, il peut s'être trouvé un développement de croissance plus varié, par suite d'un plus grand nombre de molécules qui y ont pris part, et avoir pris ainsi des formes différentes.

Maintenant, comment des molécules ainsi groupées et grossissant par l'absorption des gaz, auront-elles pu former des yeux, des oreilles, une langue, etc., pour voir, entendre, parler? Ces questions peuvent être au fond plus simples qu'elles ne le paraissent, d'abord il est plus probable que le premier animal était moins bien conformé que ceux d'aujourd'hui ; quoique, aujourd'hui encore, nous avons des animaux qui ne parlent pas, d'autres qui n'entendent point, d'autres qui n'ont pas d'yeux, etc. Les cristaux, les roches, les pierres croissent et n'ont pas de sens, pas d'organes, parce que leur principe constituant, en absorbant certain gaz, n'a pas eu le pouvoir de former un liquide, une sève. Mais, me dira-t-on, les cristaux ne sont pas des animaux, ni des végétaux ; ils n'en sont pas moins des êtres, seulement, leur développement s'opérant d'une autre manière que le nôtre, il y a différence de forme et de vie. Les poils des animaux ne peuvent être dus qu'à la présence d'atomes de même nature que ceux des végétaux, et qui se seront trouvés dans la réunion des molécules animales, ils auront poussé quand la respiration de l'animal aura produit de l'acide carbonique. Ces poils pousseront donc avec plus de vigueur quand ils se trouveront à des débouchés de l'intérieur, d'où l'acide carbonique peut s'exhaler.

Mais, dans ces réunions moléculaires, qui se sont opérées en vertu d'une électricité, pourquoi y aura-t-il eu développement d'êtres mâles et d'êtres femelles ? Il y en a qui ont cru expliquer cette question en disant que la femelle était une espèce distincte et à part du mâle ; je ne crois pas cette supposition probable, je crois qu'il n'a existé primitivement que les espèces d'animaux que les métamorphoses auront transformées en différentes races, et que les parties constituantes de la femelle étaient les mêmes de celles du mâle. La chimie a reconnu que des lois immuables existaient dans la combinaison des corps ; il résulte de ces lois, appelées lois de proportions multiples, que les molécules d'un corps se lient toujours dans des proportions régulières avec celles d'un autre corps, et que, par conséquent, les molécules primitives des premiers animaux et des premiers végétaux se seront unies partout avec la même régularité et dans les mêmes formes, en tant toutefois que ces réunions auront été formées par une même nature de molécules. Donc, où il y a eu différence de forme dans le développement, et par là, différence d'espèce, c'est une preuve que la réunion des molécules était d'une nature également différente. Ainsi, partout unité de l'espèce et variété des races ; c'est-à-dire origine commune de l'espèce et transformations par métamorphoses dans les races.

La femme ne peut être qu'un animal de la même espèce que l'homme, seulement moins bien développé, selon que ce développement aura eu lieu en présence d'une force plus ou moins grande du principe vital, c'est-à-dire du gaz oxygène. Par exemple, au milieu d'une réunion de plantes, le développement aura été plus complet qu'à l'endroit où elles auront fait défaut. La femme est plus ou moins bien faite et d'une force plus ou moins grande, selon que son sexe est plus ou moins prononcé; plus la femme s'éloignera, par son sexe, de celui de l'homme, plus elle sera parfaite, d'une forme et d'un caractère moins brut. Au point de vue géologique, la femme a donc un pas de plus, dans le progrès, que l'homme. Pourquoi cela? Parce que plus la respiration est pure, plus la végétation ou la croissance est vigoureuse; la plante qui pousse inculte dans du mauvais terrain est toujours frêle, petite, mais avec les feuilles régulières et bien dessinées; au contraire, la plante cultivée pousse plus grosse, plus inégale et d'une vivacité plus robuste. Il en est ainsi des animaux, plus la respiration est vivifiante, plus la vie est rapide, le développement brut et l'être vigoureux. On sait que les hommes couverts d'un grand nombre de poils sont généralement plus robustes que les individus imberbes; cela ressort encore de la respiration de ce genre de végétaux, qui font vivre ainsi l'individu dans un milieu plus riche en oxygène. La femme n'est donc qu'un homme qui n'est pas entièrement développé; l'examen de deux embryons des deux sexes, et du même âge, le confirme, par le fait que la distinction du sexe est très difficile à cette époque; les organes génitaux sont autant développés chez l'un que chez l'autre.

Pourquoi le développement des êtres ne s'est-il pas continué de la même manière que le développement primitif? Les animaux, en respirant, ont, comme les végétaux, transformé l'air, ils l'ont dépouillé de son oxygène pour le remplacer par l'acide carbonique; un moment sera donc venu où l'air, à force d'être affaibli, n'aura développé que des animaux très faibles et très petits, et la moindre amélioration subite, provenant d'un fait météorologique ou d'une éruption volcanique, aura fait éteindre la création. Les êtres auront continué à se développer, grâce à la vie des végétaux, et l'état de création aura été déterminé au nombre existant à cette époque. Les êtres qui ont respiré dans un milieu où l'air était bien pur, ont acquis un développement plus puissant, ils ont en même temps respiré un air plus vivifiant; cette respiration, en introduisant dans l'intérieur ce gaz vital, qui va communiquer nécessairement avec les molécules de carbone, introduites également par l'absorption, doit avoir intérieurement un résultat semblable à celui qui a opéré le développement primitif, il doit y avoir une tendance à créer un nouvel être; seulement, si la respiration a pour effet d'expulser l'acide carbonique et autres gaz indispensables au développement de toutes les molécules et à modérer un peu l'extrême vivacité de l'oxygène tout à fait pur, cette création intérieure, quoique entretenue vivante par la continuelle présence de l'oxygène, restera néanmoins à l'état de germe jusqu'à ce qu'elle reçoive d'un coup une quantité suffisante de matières favorables au développement complet. Cette addition de matière favorable lui est fournie par le germe de la femme, qui s'est formé dans les mêmes conditions de celui de l'homme, mais dans un milieu atmosphérique moins riche en gaz vital, et en combinaison de molécules moins favorables. L'atmosphère devenue instable par la respiration différente des deux règnes, le développement intérieur aura pu se perpétuer par l'équilibre établi par les deux germes, et les êtres ne se seront modifiés que dans la suite des temps, par la combustion de la terre qui peu à peu transformé l'atmosphère.

Comment ces premiers êtres ont-ils fait pour manger, afin d'alimenter leur combustion intérieure, et pour boire, afin de modérer cette combustion? Comment se seront-ils cherchés mâles et femelles pour s'unir et se reproduire? Ce sont là des questions auxquelles je ne ferai aucun genre de réponse, les penseurs exigeants sont libres d'inventer la méthode qui leur plaira le mieux, ils ont à leur disposition l'électricité, la chaleur, la lumière, la pluie, la sève, etc., qui serviront de matériaux à construire leur hypothèse, ils seront sûrs que personne ne leur contestera, preuve en main, celle qu'ils adopteront. D'abord, pour fonder une hypothèse là dessus il ne faut pas tenir compte de l'existence actuelle, l'animal primitif ne devait être en rien comparable à celui d'aujourd'hui, quoique cependant on trouve de nos jours des exemples qui aideraient sensiblement à expliquer la question. Ainsi, la généralité des mollusques sont hermaphrodites, le même individu est à la fois mâle et femelle, il féconde et est fécondé tout au même moment; d'autres hermaphrodites se fécondent eux-mêmes. Il est des vers hermaphrodites qui s'accouplent, non pour se féconder l'un et l'autre, mais pour faciliter, en se frottant l'un contre l'autre, la sortie du sperme qui rentre dans l'organe femelle du même individu, d'autres fois, ils opèrent ce même résultat en se frottant contre un objet quelconque.

Chez les abeilles et les fourmis il y a des individus stériles, ils ne pondent point d'œufs et ne secrètent pas de sperme, mais si on les soumet à une nourriture forte, à un changement de résidence, ces individus deviennent mâles ou femelles. D'autres animaux, de la famille des annélides, se reproduisent d'une manière encore plus bizarre; sur une certaine partie de leur corps, il apparaît une espèce de bourgeon qui, peu à peu, grandit et forme un animal bien conformé qui finit par se détacher et vivre indépendant; détails curieux, ces animaux n'ont aucun organe de génération, les animaux nés par bourgeons ont des organes génitaux qui leur permettent de pondre des œufs, mais les animaux nés d'œufs reproduisent de nouveaux par bourgeons, et ainsi de suite. Cette génération a reçu le nom de génération gemmipare. Les vers de terre, les hydres, les zoophytes, etc., offrent ce phénomène étonnant que, si l'on coupe l'animal en deux, trois, quatre morceaux, chaque morceau se complète et devient un animal entier; c'est la génération scissipare. Beaucoup de végétaux s'obtiennent de cette manière et nul n'ignore que la vigne ne se reproduit généralement que par ce moyen, dans l'exploitation de l'agriculture.

Dans ces divers genres de génération, la théorie des germes perpétuels et existants de toute éternité serait impossible, tandis que, par contre, on voit dans ces faits l'image de la création primitive que nous avons supposée plus haut.

CHAPITRE DERNIER

De la Vie et de la Mort.

Nous venons de voir, au chapitre précédent, comment la vie a pu commencer, nous avons vu, au chapitre IX, comment s'opèrent la plupart de ses effets, ne voulant pas rentrer dans des études physiologiques trop étendues, nous n'aurons que très peu de chose à dire à ce sujet.

Il est évident que la sève, qui a servi de lien aux premières molécules, qui tempère la vivacité de la combustion, qui est une cause principale de la croissance des êtres, que cette sève, dis-je, est un principe de vie par excellence; sans le sang nous ne pourrions pas vivre; sans l'air, qui est la cause directe de la combustion et de la circulation, nous ne vivrions pas non plus. Donc, l'air et le sang sont, sans conteste, les deux agents principaux de la vie actuelle, comme ils le sont, dans notre supposition, pour la vie primitive. Maintenant, que sur ces évidences on nous dise que le hasard seul n'a pas pu placer justement des poumons indispensables à faire circuler le sang, des veines pour porter et rapporter ce sang, une langue placée justement pour pouvoir parler, des yeux pour voir, etc , etc. Ce sont là des questions auxquelles il est bien aisé de répondre. Les auteurs qui, comme Fénélon, Bossuet, Saint-Augustin, etc., font ces objections, ne considèrent dans leurs idées que la nature humaine; pour ces philosophes, il n'y a, dans la création, que l'homme à prendre pour sujet d'études; ils se sont figurés qu'il n'y avait que l'humanité qui fût digne de l'existence; s'ils avaient su ou voulu savoir que notre vie, à nous, n'est pas l'effet d'une cause différente de celle des animaux, qu'il n'y a de différence que par le plus d'expérience que nous avons, ou peut-être encore, que nous ne nous croyons infiniment au-dessus de tout que parce que nous ignorons la supériorité de ce qui nous surpasse. Comme je l'ai dit plus loin, on n'aura raison de se juger au-dessus de tous les êtres que quand on saura, précisément, ce que ces autres êtres valent; tant qu'on ne les comprendra pas, tant qu'on ne s'expliquera pas avec eux, tous les jugements qu'on émettra sur eux ne seront que téméraires et fantaisistes. Mais ici, comme pour ce que nous avons dit de Mathieu (de la Drôme), nous répondrons, avec la logique pour nous, qu'il n'y a eu personne qui ait dit : Il faut placer ici des poumons, là des yeux, ailleurs une langue, etc., pour que l'être ait la faculté de respirer, voir, parler, mais, qu'au contraire, nous respirons, voyons, parlons, etc., parce que la matière de notre corps a eu des organes favorables à ces exercices. Ainsi, les poissons, qui n'ont pas des poumons, ont d'autres organes, appelés branchies, qui les en dispensent; les lombrics (vers de terre) qui n'ont ni poumons, ni branchies, respirent par les pores de la surface générale de leurs corps, les zoophytes n'ont point d'organes spéciaux de respiration; donc, si nous n'avions pas justement des poumons si bien placés, nous aurions autre chose qui nous suffirait également; si nous n'avions ni cela, ni autre chose, nous n'existerions pas, d'autres choses existeraient, mais tout cela ne prouverait pas Dieu. Nous marchons parce que des jambes se trouvent favorables à cet exercice, si nous n'en avions pas nous vivrions d'un autre manière. Les serpents vivent bien sans jamb... Ce n'est pas une raison pour croire qu'il y a un Dieu qui a été... habile pour nous mettre justement des jambes et assez maladroit pour injustement oublier celles des serpents. Nous avons chacun une telle forme, parce que la manière primitive avait les qualités voulues pour l'acquérir, il ne serait pas plus puéril de dire que le hasard a fait nos poumons, nos yeux, notre cœur... que de dire qu'il fait tous les jours des cristaux formant des cubes, des prismes, des pyramides, des octaèdres..., plutôt que des boules, des cercles, des tubercules.

Les philosophes se récrient : Quoi, ces yeux si bien placés, ces paupières qui les couvrent quand la lumière est trop forte, quand la poussière est trop dangereuse, cet organisme toujours disposé le mieux possible à chaque individu, selon le genre de vie auquel il est destiné, tout cela ne dit-il pas qu'un habile ouvrier en a disposé habilement chaque partie à sa fonction spéciale. D'abord, messieurs les philosophes, si cet organisme ne marchait pas, vous ne marcheriez pas non plus, vous seriez morts et ce serait le meilleur moyen de vous prouver qu'il n'a pas été besoin d'un Dieu pour vous admirablement anéantir, mais puisque vous existez, que vous coûte-t-il de croire que votre existence s'appelle Homme, au lieu de Tortue, parce que votre matière était d'une nature capable de rester molle, en formant de la chair, au lieu de durcir pour former des écailles? Mais précisons, n'est-ce pas insensé de voir de grands naturalistes qui, sans préjugés de religions, et avec la plus grande conviction philosophique, nous disent avec emphase : Tous les êtres possèdent l'organisme qui convient le mieux à son genre de vie. Quelle désolation! comme dit un comique fameux, ne voit-on pas que c'est, au contraire, chaque animal qui mène la vie qu'il peut, qui se sert de ses moyens les plus efficaces pour satisfaire à sa volonté? Est-ce qu'on se figure que le chat, en naissant, sait qu'il a des griffes pour griffer? Allons donc, c'est le comble de la folie de le croire;

chaque animal se conforme, pour vivre, à l'organisme qu'il possède. Ce n'est pas la vie qui a satisfait à l'organisme, mais l'organisme qui a satisfait à la vie? Les poissons ne sont pas nés avec le goût de ce qui est dans l'eau, plutôt qu'avec le goût des melons et des cerises, à cause que leur organisme leur permettait d'avoir une chose et non l'autre, les poissons ont mangé ce que leurs organes leur ont permis de s'approprier; la preuve, c'est qu'ils mangent très bien les mouches, le blé et une infinité de choses qui ne sont pas du tout à la disposition de leurs organes. Ainsi, puisque les paupières nous sont si adroitement et si utilement nécessaires, pourquoi les serpents n'en ont-ils point? Dira-t-on encore que leur genre de vie les en dispense. Cependant eux, qui vivent toujours dans les broussailles, dans la terre, dans l'herbe, doivent être aussi bien que nous dans le cas de s'aveugler. On me répondra, peut-être, qu'en prévision de cela ils ont la vue moins sensible. Dans ce cas, je dirai que nos paupières sont de trop, et qu'il nous suffirait, à nous aussi, que nos yeux ne craignissent pas pour ne pas en avoir besoin. Le moyen d'éviter le danger est plus infaillible quand le danger n'existe pas que quand on a un préservatif quelconque. Par la même raison, nous devrions avoir des paupières à nos oreilles, pour nous éviter le trop de bruit, à notre nez, contre les mauvaises odeurs, à notre gosier contre les arêtes; nous devrions avoir un œil derrière la tête pour éviter les traîtres, une porte à notre ventre, pour éviter qu'un chirurgien ne le déchire quand il y a certaines choses nuisibles à enlever.

L'autruche est née avec des plumes et des ailes, je ne connais pas la vie de cet animal et, si je me fie aux paroles des naturalistes citées plus haut, je dois me faire cette réflexion : Puisque cet animal a des plumes et des ailes il doit avoir été créé pour voler, il doit avoir le goût en rapport avec son organisme. Il n'en est rien, l'autruche ne vole point et, si elle n'avait le goût que pour une chose qu'elle ne pût acquérir que par le vol, elle n'existerait pas, elle n'aurait jamais pu vivre. La tortue est un animal qui se nourrit d'herbe, c'est dire assez qu'il doit avoir un organisme qui lui permette de vivre au bord des ruisseaux, dans les inégalités du sol où croît l'herbe; il n'en est rien: j'ai vu, moi-même, une tortue qui grimpait un petit monticule rempli d'herbe, elle degringola et se renversa, les jambes en l'air, j'eus la curiosité de voir si la providence de Fénélon et Cie avait prévu ce cas et je ne pus que constater la mort forcée de la tortue; elle n'avait aucun moyen pour sortir de cette situation, elle périt ainsi au bout de deux jours. Enfin, un auteur fameux me fait remarquer que les oiseaux aquatiques, qui ne vivent que du produit de leur pèche, ont le cristallin des yeux à surfaces plus convexes que les oiseaux aériens, il se rapproche en cela de celui des poissons, ce qui leur permet d'apercevoir dans l'eau la victime qu'ils poursuivent, donc, ces yeux-là ont été faits pour aller dans l'eau. Erreur, cent fois erreur! Où est-il né, cet animal, dans l'eau ou dans l'air? Il est né dans l'air, donc, s'il est allé dans l'eau ce n'est pas parce qu'il a été prédisposé à cela, c'est parce qu'il n'a pas rencontré d'obstacles quand il a essayé d'y aller. Dans la création, il y a eu des oiseaux de toutes sortes et chacun a cherché sa vie là où ses moyens le lui ont permis. Si le canard n'avait pas eu les yeux favorables à la vue dans l'eau, il aurait été chercher sa nourriture ailleurs, son bec se serait modifié selon l'emploi qu'il en aurait fait, ses pattes se seraient aussi modifiées, polies et conformées à cet autre genre de vie, ce qui n'aurait pas empêché nos naturalistes, quelques siècles après la métamorphose, de dire que le canard a aussi l'organisme favorable à la vie des granivores, si celui-ci s'était vu forcé vivre de grains.

Qu'on ne vienne donc plus nous influencer, avec des insinuations fausses, pour nous faire supposer la plus absurde proposition qu'on puisse formuler : la direction mathématiquement incompréhensible d'un directeur nécessairement incompris. La nature nous offre les innombrables effets que peut produire le hasard, c'est-à-dire le pouvoir des lois physiques de l'existence;

minute à l'âge de deux mois, tandis qu'il n'est que de 70 à vingt ans, juste la moitié moins. La quantité d'acide carbonique qui se dégage par la combustion, augmente graduellement jusqu'à trente ans, et décroît à partir de cet âge. Un enfant de huit ans consume à peu près la même quantité d'oxygène que le vieillard de quatre-vingt. Donc, le vieillard n'absorbant pas plus d'oxygène que l'enfant, ce dernier aura pu vivre là où le vieillard n'aura plus pu résister ; parce que son corps étant la moitié plus petit, avec la même quantité de gaz vital il aura la moitié plus de force ; par ce fait, quand l'enfant d'un mois aura pu vivre, le vieillard de cent ans aura succombé. Arrivé à ce résultat, le premier mort aura laissé sa portion de vie au premier né, et ainsi de suite ; mais si le nouveau-né respire ce que le vieillard ne respire plus, l'atmosphère reste au même niveau et la vie demeure inactive, il faut donc qu'un surplus de gaz arrive pour que la vie reprenne sa marche. Ce surplus indispensable c'est la mort qui l'apporte.

Tout le monde a pu voir, dans une nuit de forte chaleur, les flammes luisantes qui se dégagent et s'élèvent en zig-zag du milieu d'un cimetière ; c'est le gaz provenant de la décomposition des cadavres. Une bougie qui brûle rend à l'atmosphère la chaleur et les gaz qu'elle lui avait empruntés pour se former. L'homme en se décomposant rend également à l'atmosphère la chaleur et les gaz qui le constituent ; car il faut qu'on se fasse bien à l'idée que tous les êtres vivants ne sont que de l'air et de la chaleur métamorphosés en un millier de formes par des milliers de siècles. Si on jette un coup d'œil sur ce brin de poussière qui reste après la mort, on ne s'étonnera pas de n'être que de l'air organisé. Donc, plus il sera mort d'êtres, plus les êtres nouveaux auront eu de vigueur à se développer.

Nous n'avons donc plus à nous plaindre de cette odieuse mort, qui fait pousser tant de soupirs à ceux qui l'éprouvent ou qui la voient éprouver, il faut, au contraire, bien se persuader qu'elle nous est utile comme notre nourriture, qu'elle est indispensable à la vie et que, grâce à elle, l'existence des êtres se perpétue. Bon nombre de mes lecteurs ne se décideront pas vite à remercier la mort de les avoir fait vivre, ce n'en est pas moins la vérité; mais que nous la maudissions ou que nous la remercions, nous pouvons être certains qu'elle n'en continuera pas moins son œuvre, et elle ne disparaîtra pour toujours que quand la vie n'aura plus l'audace de reparaître. Les lois de la nature sont ainsi faites, la vie a commencé à régner; c'est à la mort à hériter de ce règne. Dans cette perspective certaine, le devoir de l'homme est d'améliorer autant qu'il peut le court espace de sa vie, de travailler par tous les moyens possibles à ne la quitter que quand elle ne lui est plus utile, et de rendre sa vie utile autant qu'il peut à ses concitoyens. La nature elle seule se charge, quand l'être ne sert plus à l'humanité, de le faire passer dans un autre ouvrage, il n'est pas utile que les hommes entre-eux l'aident dans ce but plus mal à propos et moins utilement qu'elle ne fait elle-même. Qu'on sache bien qu'il n'est pas nécessaire de faire des guerres, les hommes mourront, sans qu'on les tue, quand il en sera temps, et à une époque où ils ne pourront servir que par ce moyen à la génération. Puisque la nature a fait la mort, nous ne devons pas avoir besoin de la guerre ; qu'on ne dise donc plus qu'il y en a toujours eu, qu'il faut qu'il y en ait et qu'il y en aura toujours ; car il n'y a d'éternel que le temps et l'espace et, comme l'humanité et la justice sont les fruits du progrès, on peut être certain que tout ce qui blesse la justice et l'humanité sera tôt ou tard anéanti par elles.

Voilà la seule et unique immortalité de ce qu'on appelle improprement Ame. Rien ne meurt, tout se transforme. Il n'y a pas plusieurs espèces de vie, il n'y en a qu'une sous différentes formes et différents aspects; elle s'unit à tout ce qui a le pouvoir de se l'approprier, et quand les éléments qui la revêtent sont usés par elle, elle reprend sa liberté pour aller agir sous d'autres vêtements. Ainsi, de toute éternité et tant qu'il y aura des siècles à venir, le temps et le mouvement produiront pour détruire et détruiront pour produire. Qu'on ne se trompe pas, si la vie ne meurt pas, la matière non plus; elle ne fait que changer de forme. Il n'y a que de perpétuelles métamorphoses, mais tout est occupé à quelque chose et rien ne peut s'anéantir, — au point de vue matériel, bien entendu.

Mais on se tromperait bien si on se figurait, par cette raison, que nous pouvons aller habiter un autre monde après la mort; la chaleur et les gaz qui nous constituent vont tout bonnement se mêler à une autre chaleur et à d'autres gaz, et si le brin de poussière qui reste a encore le pouvoir de s'unir à la terre pour aider à former un autre genre de matière, on s'abuserait fort si l'on croyait vivre encore dans lui; le moi, ce qui fait l'homme, c'est la faculté de ses sens et le produit de ces facultés, appelé la mémoire. Un morceau de bras ou de jambe coupé n'est pas plus qu'un morceau de bois, il n'a plus la sensation, par conséquent, ne peut avoir ni bonheur ni malheur. Quand les sens, par défaut de chaleur et d'électricité, ne perçoivent plus les impressions, le corps de l'homme n'est plus qu'un tronc d'arbre scié. La résurrection que nous promet la religion catholique, quand même elle serait possible, ne pourrait pas s'appeler résurrection, dans le vrai sens du mot; ce ne serait qu'un autre genre de vie et d'êtres. Du moment que les facultés des sens deviendraient nulles, du moment que la mémoire n'existerait plus, il n'y aurait plus rien de commun entre l'être mort et l'être ressuscité, les peines et les plaisirs d'ici-bas n'auraient aucun rapport avec ceux de l'autre vie. Mais cette résurrection qui est certaine, au point de vue scientifique, pour tout corps matériel, est absolument impossible pour ce qui s'appelle âme, c'est-à-dire pour l'intelligence et la pensée de l'homme.

L'électricité qui, par une commotion, a pu produire chez nous des sensations et des pensées est absolument la même de celle qui, dans les nuages, a produit la foudre; elle produit des effets différents selon les mécanismes qui la contiennent, elle produirait toute autre chose dans toute autre organisation.

Si notre corps, ou mieux les débris de notre corps, concourrent, après notre mort, à une autre création, il y aura dans cette nouvelle forme des effets électriques conformes à cette nouvelle organisation Les pensées, l'intelligence de l'être ne subsistent que sur le papier, et ce qu'on appelle vulgairement l'âme, n'est rien du tout; c'est exactement comme le marteau qui frappe sous une cloche, il produit un son que nous supposerons être la pensée, l'âme de la cloche ; si, une fois la cloche usée, le marteau frappe contre le mur, il produira un son différent; s'il frappe ensuite dans l'eau ce sera encore différent, mais on ne saurait dire logiquement que ce sont les sons de la cloche qui sont ressuscités dans ceux du mur et de l'eau. Dans la pile Voltaïque, l'électricité a le pouvoir de décomposer des corps, dans la commotion elle produit une étincelle, dans d'autres cas, des fortes lumières, dans les nuages, les éclairs et la foudre, dans un millier de cas, un millier d'effets. Chez nous, elle se trouve propre à faire exécuter des mouvements au corps qui la contient, mais la mort en brisant et démolissant la machine électrique, il est évident qu'elle démolit aussi toute notre vie pour toujours, car elle n'est, en somme, que des phénomènes analogues à ceux des sons de la cloche dont nous venons de parler.

Je pense que ceux qui affirment que l'âme est un petit être invisible qui habite notre cerveau et qui ira au ciel ou en enfer après la mort, voudront bien faire honneur à leur raisonnement en expliquant théoriquement et clairement la présence de cet être, le pouvoir qui l'y a mis, ce que c'est que le ciel(1) et l'enfer, et une foule d'autres choses qu'ils affirment toujours, mais n'expliquent jamais. Si leurs explications paraissent plus vraisemblables et plus justes que les miennes, je leur donne ma parole d'honnête homme que je m'y rendrai loyalement; car, je suis d'avis que tout parti-pris et tout fanatisme sont un crime envers la société ; toute opinion doit être légitimée par une

(1) Voir la note 7.

croyance de bonne foi et une explication compréhensible qui la justifie. La base de toute morale et de tout progrès est de pratiquer, chacun pour notre compte, la vérité suivante : L'honneur d'un honnête homme, à quelque opinion qu'il appartienne, est de se rendre loyalement à l'évidence d'une opinion contraire.

FIN

NOTES

(1) On doit se rappeler encore ces deux procès qui jetèrent la consternation dans le peuple entier de la France; Baujard et Maret, l'un abbé et l'autre curé, ont été condamnés par la cour d'assises de Paris et de Versailles, pour viol sur des petites filles de 7 à 8 ans, dans des circonstances vraiment révoltantes. Sans vouloir citer, à ce sujet, les cinq ou six cents procès de ce genre qui se font toutes les années, ni tous les évêques, archevêques et cardinaux qui ont été flétris, soit par les historiens, soit par le peuple, à cause des crimes les plus criants, nous donnerons un aperçu de quelques actions commises par ceux qui représentent Jésus-Christ sur la terre et qu'on appelle aujourd'hui Papes infaillibles. Le lecteur pourra s'édifier par cet aperçu de ce que vaut ce titre devant la civilisation.

Clément V, pape à Avignon, en 1300, était l'amant de la comtesse de Périgord, fille du comte de Foix; il se livra à un trafic honteux des choses sacrées, institua les annates, pilla, en allant de Lyon à Bordeaux, tous les monastères et les églises et fut le principal auteur du massacre des Templiers, sous Philippe-le-Bel.

Alexandre VI (Borgia) pape à Rome en 1492. Il était l'amant de la Vanozia, dame romaine, et père de cinq enfants, dont une fille, la célèbre et impudique Lucrèce. César Borgia, son second fils, assassina son frère Jean, duc de Gandie, pour lui disputer les faveurs de sa sœur Lucrèce. Le pape Alexandre enleva ensuite sa fille à son premier et à son second mari, pour en jouir lui-même.

Etienne VI, pape en 896, fut assez barbare et féroce pour faire déterrer le cadavre de Formose, évêque de Porto, et lui faire trancher la tête, mutiler les membres, etc. pour le tort, qualifié de crime, d'avoir quitté un évêché pour un autre.

Boniface VII, pape en 984, assassin de Benoît VI et de Jean XIV, fut un objet d'horreur et de honte au point que son cadavre fut laissé nud sur une place, après avoir été traîné par la populace.

Boniface VIII, pape en 1294, fut assez vicieux pour employer les menaces des démons, de l'enfer, etc., afin de faire abdiquer Saint-Célestin, son prédécesseur, qui était assez imbécile pour s'en effrayer; il ne fit de son règne qu'une guerre perpétuelle et sans raison à quiconque lui déplaisait.

Benoît IX, pape à l'âge de douze ans, en 1033, acheta le trône pontifical et en fut chassé par le peuple de Rome qui était lassé de son audace, de ses infamies et de ses crimes ; il reprit ensuite le siége qu'il vendit après, comme il l'avait acheté, et alla dans le monastère de la Grotte-Ferrée essayer de se faire pardonner ses débauches par un semblant de repentir, ou plutôt, pour se rapprocher de l'une de ses anciennes maîtresses qui s'y trouvait.

Eugène II, pape en 824, assez idiot pour juger de l'innocence ou de la culpabilité d'un accusé par l'épreuve de l'eau bénite. Ceux qui allaient au fond du bain étaient jugés innocents, ceux qui restaient au-dessus étaient coupables. Il fit, par ses excès de superstition, beaucoup d'innocentes victimes.

Nicolas III, pape en 1277, fit avec le roi d'Aragon le complot qui aboutit à l'affreux massacre dit des Vêpres Siciliennes.

Léon X, pape en 1513, à l'âge de 14 ans, ne fut qu'un traître, un vagabond, usurpateur et guerrier politique. Il mourut d'une maladie vénérienne.

Jean X fut élu pape en 914 par l'influence de Théodora, sa maîtresse. Marosie, fille de Théodora, le fit étouffer dans un cachot après l'avoir jadis protégé, mais quand elle vit qu'elle ne pourrait en jouir elle-même.

Jean XI, fils et amant de cette abominable Marosie, qui avait étouffé Jean X, l'amant de sa mère Théodora, fut élu pape en 931. Albéric, son frère, le fit enfermer avec sa mère Marosie dans un cachot, où il le fit ensuite mourir.

Jean XII, pape à 18 ans, en 956. Il fut déposé par un concile qui l'accusa d'avoir porté l'épée et la cuirasse, d'avoir donné le gouvernement de plusieurs villes à ses maîtresses, etc., etc. Il fit couper la langue, le nez et les doigts de ceux qui avaient motivé l'accusation, et fut assommé par un mari qui l'avait surpris dans le lit de sa femme.

Jean XXIII, ancien pirate et pape en 1410, fut condamné dans le concile comme débauché, blasphémateur, impie et auteur de l'assassinat de Jean XXII et de plusieurs empoisonnements.

Etienne VII et Léon VI, papes, le premier en 931, l'autre en 928, tous les deux amants de l'infâme Marosie.

Innocent X, amant d'Olimpia Maldachini, sa belle-sœur, et de la princesse de Rossano, sa nièce.

On peut lire l'*Histoire des Papes* pour se convaincre de la réalité de ces faits et de toutes les infamies et les crimes qui en ont été la conséquence.

(2) Voltaire, Fénélon et d'autres philosophes modernes disent que, la matière morte ne pouvant donner naissance à la matière animée, il faut nécessairement une vie primitive et de toute éternité pour expliquer la vie actuelle.

Cette vérité est incontestable, mais on peut parfaitement contester que la matière morte soit incapable de donner naissance à la matière animée. D'abord, sait-on bien d'où vient la vie pour oser poser cette affirmation? L'époque et la cause de la liaison de la vie à la matière n'ont jamais été connues exactement et ne seront probablement jamais connues de personne ? Or, du moment qu'on ignore complètement une chose, on n'a pas le droit de dire qu'elle ne peut pas être d'une telle manière. L'œuf est une matière vivante, mais où a-t-il pris la vie qu'il possède? Mystère; l'albumine, cependant, est une matière morte, le sperme, qui est composé de 90 parties d'eau, 6 parties d'albumine, 3 parties de phosphate calcaire et une de soude, est également une nature morte, et, l'union du sperme d'un mâle avec l'albumine de l'œuf d'une femelle donne naissance à la vie. N'est-on pas, au contraire, tenté de croire que c'est la matière morte qui donne naissance à la matière animée ? Il est aujourd'hui à peu près certain que ce n'est ni le jaune de l'œuf (vitellius) ni le blanc (albumine) qui est le dépositaire de la vie, d'après les dernières recherches, la vie serait dans le sperme de l'homme. Admettons donc que l'œuf ne fasse que servir de nourriture au germe vivant de l'homme, au spermatozoïde (1); le spermatozoïde composé de matières mortes, doit avoir pris la vie dans les matières qui le composent. Ainsi, si nous nous fions à l'analogie des premiers faits, nous trouvons que la vie de l'homme bien caractérisée et bien révélée descend, à la première transition, à ce degré de vie à peine sensible du spermatozoïde microscopique ; supposez que le spermatozoïde n'ait pas pris sa vie par lui-même et qu'il soit le résultat d'une génération ; si le germe qui lui a donné naissance a une distance égale à celle qui sépare le spermatozoïde de l'homme, nous arrivons à une petitesse infinitésimale qu'aucun de nos instruments grossissant ne

(1) On prétend que les mouvements des spermatozoïdes ne sont que des mouvements vibratiles, je conçois cette opinion pour les cils et les tiges de quelques plantes, alors que l'objet en mouvement tient par un lien quelconque aux organes mouvants et par conséquent électrisés de l'être, mais le spermatozoïde qui se meut indépendant au milieu de la goutte spermatique, comme un poisson dans l'eau, et qui ne tient par aucun lien direct aux membres mouvants de l'être, ne peut pas avoir un mouvement vibratile ; s'il se meut, il est animé, il peut être considéré à juste raison comme un animal.

saurait découvrir ; si nous continuons comme cela à reculer de génération en génération, et qu'il y ait toujours le même rapport dans la distance de l'une à l'autre, il faut avouer que nous arriverons forcément à la naissance de la vie. Il faut donc que la vie prenne naissance, par une cause quelconque, dans la matière ; si cette matière, dans laquelle la vie s'est développée, est morte, je conclus que la matière morte donne naissance à la matière animée. C'est ce que prouvent les expériences sur la génération spontanée, dans lesquelles au lieu de dire qu'il y avait dans l'air les germes, les œufs qui donnent naissance aux infusoires, on aurait eu plus de raison de dire que l'air développait les molécules de la matière morte ; or, quand on a empêché l'air d'arriver sur les matières organiques, on n'a pas préservé ces matières des germes vivants qui se trouveraient dans l'air, mais on a empêché la vie de se développer, faute des gaz respiratoires.

(3) Nous avançons ici une opinion que personne n'a encore formulée, mais que nous croyons infiniment probable. En effet, quel pouvoir autre que celui de l'électricité pourrait mieux expliquer l'attraction des corps entre eux ; on nous objectera que l'électricité ayant deux pouvoirs, celui d'attraction et celui de répulsion, elle ne peut pas s'appliquer aux lois d'attraction des corps reconnues par Newton et qui, selon lui, s'attirent tous, mais n'ont aucun effet de répulsion. Comme nous croyons que cette loi de l'attraction des corps n'est qu'un effet de l'électricité qu'ils ont, nous repoussons courageusement la théorie Newtonnienne et nous expliquons, à notre manière, notre opinion à ce sujet à la note 4. Autrefois, l'illustre Buffon formula l'opinion que la boussole était attirée vers le Nord parce qu'il devait se trouver de ce côté d'immenses montagnes de fer. Cette opinion, quoique impossible, a prévalu jusqu'aujourd'hui dans un grand nombre d'esprits. Outre que les calculs faits sur les aimants démontrent qu'il est impossible que des montagnes de fer, pour grandes qu'elles soient, puissent exercer, à une pareille

distance, une influence sur la boussole, il est encore prouvé par les expéditions polaires que les montagnes ne sont que de glaces et non du fer; ensuite, les déplacements du pôle magnétique que l'on a très bien constatés ne laissent aucune prise à l'opinion du célèbre naturaliste. Nous croyons donc, nous, suivant notre théorie, que la boussole suit le courant électrique que développe la terre, dans sa course à travers l'espace, tout comme les flèches du tourniquet suivent le courant du fluide que développe la machine électrique. Nous expliquerions ainsi la présence des aurores boréales par des phosphorescences électriques que le mouvement terrestre accumule à ses deux pôles.

Ceci étant donné, nous pouvons supposer, par l'analogie des faits, que la constitution physique du soleil, contrairement aux théories de MM. Faye, Babinet et autres grands savants de nos jours, ne diffère en rien de celle des autres astres, mais qu'étant infiniment plus gros et ayant une plus grande accumulation de fluide électrique, il en résulte une plus grande émission de lumière. Ceci nous forcerait à dire que la lumière solaire est identique à la lumière électrique, nous n'hésitons pas à l'affirmer hardiment, et nous croyons que la prétendue photosphère qu'on aurait remarquée autour du soleil, n'est rien autre que le fluide électrique de ses deux pôles.

(4) La théorie Cosmogonique actuelle n'explique pas la formation des mondes de la même manière que nous l'avons fait dans le court exposé de ce chapitre. La théorie de Newton, démontrée par Laplace, n'admet que le pouvoir de l'attraction de tous les corps pour former la marche et l'harmonie de l'Univers; elle ne fait pas intervenir la force répulsive, qui doit se trouver infailliblement dans la nature, puisque l'électricité négative existe, pour nous démontrer la formation et la stabilité des astres. La Cosmogonie que M. Richard a exposée, d'après les démonstrations de Laplace, explique l'origine des mondes par des lois mathématiques injustement appliquées, et des hypothèses

problématiques contradictoires avec elles-mêmes; c'est sur l'évidence de l'erreur de ces suppositions que nous n'avons pas hésité, malgré le prestige qu'auront toujours les affirmations de Newton, de Laplace et de bien d'autres savants connus, à nier hardiment un système qui ne peut se soustraire aux objections les plus logiques et les plus simples. (M. Richard nous dit qu'un fluide d'une subtilité telle que l'éther, et qui est le siége de forces si puissantes, ne peut se concevoir en repos. Le mouvement est donc lié à son existence même; il ajoute qu'une immensité fluide, agitée dans tous les sens et dont les éléments se heurtent et se confondent, doit nécessairement prendre, après un temps suffisant, un mouvement de rotation autour d'un axe quelconque.) Pour faire comprendre ce mouvement de rotation, M. Richard conseille d'agiter une cuvette d'eau en tous les sens et on verra que l'eau finit, en se calmant, par prendre un mouvement de rotation; mais, dit-il, comme un infini tournant tout d'une pièce est difficile à concevoir, nous admettrons que c'est par zones concentriques que ce mouvement s'opère. Une zone première aurait d'abord transmis son mouvement à une voisine, et ainsi de suite toutes tourneraient autour d'un centre commun, le centre de l'infini.

Si je dis que, sans les suppositions qui précèdent, sans ces bases admises mais non expliquées, M. Richard ne peut pas construire sa cosmogonie, on conviendra, j'espère, qu'on peut, avec quelques raisons, la discuter.

L'éther, dit-il, ne peut se concevoir en repos; mais pourquoi? Comment s'est-il mu et divisé en zones concentriques? Quel est ce centre de l'infini, sans lequel vous ne pouvez plus rien faire avec votre système? Tout cela ne nous est pas expliqué, et c'est justement là que sont les bases de toute la théorie cosmogonique. On me dit que le centre de l'infini, au lieu de ne pouvoir être nulle part, doit, au contraire, pouvoir se trouver partout; sans établir une grande discussion métaphysique pour démontrer à M. Richard que l'infini ne peut pas avoir de centre, par la raison qu'il n'a pas de bornes, nous lui dirons que si ce centre peut être partout, c'est plus qu'il n'en faut pour que tout le monde puisse lui discuter celui qu'il suppose ; or, quand les bases d'une science aussi vaste et imposante que celle qui a pour objet la description de l'univers, ne reposent que sur des hypothèses extra métaphysiques que tout le monde peut logiquement contester, il n'y a plus lieu de s'y fier. Ou l'on doit ne pas s'occuper de cosmogonie, ou l'on doit chercher des hypothèses plus logiques ; les zones concentriques de M. Richard ne sont ni probables, ni compréhensibles, ni même possibles.

Une objection capitale s'impose d'elle-même à la théorie actuelle ; le plus simple bon sens, comme l'esprit le plus élevé, ne manque pas de se faire cette réflexion : Si tous les corps de l'univers s'attiraient, qu'il y ait un centre à l'infini ou qu'il n'y en ait pas, il devrait n'y avoir qu'un seul et unique corps dans la nature ; s'il y en a plusieurs, c'est une preuve qu'il y en a sans influence les uns sur les autres, ou qu'il y a aussi un pouvoir de répulsion. Il n'y a pas de raisons à pouvoir opposer à cette simple réflexion. Si tous les corps s'attiraient, nous n'aurions pas une infinité de métaux plus ou moins distincts, plus ou moins composés, nous n'aurions, sur la terre, qu'un seul et unique corps, nous n'aurions, dans l'univers, qu'un seul et unique monde. Du moment qu'il y a eu d'atomes qui ont formé du plomb, du cuivre, du fer, des cristaux, etc., et que tous ces atomes viennent de l'éther, il est évident qu'il y a eu des forces répulsives, attractives et nulles qui ont présidé à la formation de tous ces corps différents et de tous ces mondes distincts ; si ces forces ont existé jadis, elles doivent exister toujours, car, les lois physiques, inhérentes au mouvement, sont immuables, si elles ont jadis agi, elles agissent toujours. Comme l'introduction d'une force répulsive, dans la théorie cosmogonique actuelle, détruirait tout le système de Newton et de Laplace, je conclus que ce système est faux.

Le centre de l'infini qui ne peut exister que dans l'imagina-

tion de M. Richard, serait le centre d'attraction de toutes les nébuleuses qui sont, elles-mêmes, des centres d'attraction des
autres astres, et, ajoute l'auteur en question, ce ne peut être
qu'après lui que les nébuleuses ont pu se constituer, parce
qu'alors seulement il y avait une force capable de les tenir en
équilibre dans l'espace et de régler leurs mouvements. Ainsi, il
faudrait, pour que cette hypothèse pût être vraisemblable, que
cette colossale nébuleuse, centre de l'infini, fût de toute éternité,
autant dans le présent comme dans le passé ; or, il est contre
toutes les lois de la mécanique qu'une chose qui bouge ne s'use
pas, et il est contraire à celles de la nature qu'une chose matérielle soit éternelle. Par conséquent, que deviendra l'harmonie de
l'univers le jour où la grande nébuleuse sera morte ? Mais va-t-
on me dire, la grande nébuleuse, qui est le centre d'attraction
de l'infini, et qui doit être en même temps attirée également de
toutes parts par les astres qui l'entourent, ne doit pas avoir un
mouvement possible ; c'est sans doute ce qu'a compris M. Richard, et voici par quelle raison, stupide pour un homme comme
lui, ingénieuse pour celui qui ne la comprend pas, il croit se
tirer de cette objection ; faisant de cela une comparaison avec
Robert-le-Diable qui, entre Alice et Bertram, hésite et balance,
il nous dit que la grande nébuleuse, sollicitée par une infinité
d'astres, qui ne peuvent pas se trouver de tous les côtés dans des
forces d'attraction absolument égales, doit se montrer éternellement indécise et flottante, comme le pendule d'un horloge. Cette
explication, qui est excellente pour ce qui concerne Saturne et
Jupiter dans leurs perturbations périodiques, ne peut pas être
bonne à l'endroit du noyau central, parce que, dans l'exemple
de ces deux astres, il y a le centre d'attraction que le soleil
exerce sur eux, et qui tient lieu du pivot du pendule, mais le
centre de l'univers, qui n'est pas tenu par plus fort que lui, ne
peut pas osciller sans trouble, puisque la force d'attraction de
tous les corps, suivant Newton, est en raison directe de sa masse
et du carré des distances ; le côté qui aura été assez puissant pour

faire oscillor, pour attirer un peu à lui le noyeau central, devra être assez fort, une fois rapproché de lui et éloigné de l'autre pour l'attirer tout à fait; car, dans ce cas, l'oscillation de l'astre, qui doit diminuer la force attractive du côté dont il s'éloigne et augmenter celle du côté qui l'attire, n'a plus aucun moyen logiquement possible de reprendre sa position respective.

Nous ferons encore un objection à la cosmogonie de M Richard; en vertu d'une loi de mécanique rationnelle, les atomes, nous dit notre auteur, qui obéissent, aussitôt formés, à la première de ses lois en s'attirant les uns les autres, ont, par le principe des aires, le pouvoir d'accélérer leur mouvement de rotation et de rétrécir leur masse. Ainsi, les agglomérations cosmiques qui forment les nébuleuses doivent, par la force centripète résultant du principe des aires, et par l'attraction commune de leurs molécules, se condenser, c'est-à-dire se rétrécir, jusqu'à un tel degré de compression; or, puisque c'est là une loi de mécanique rationnelle, pourquoi, en vertu de cette même loi, les nébuleuses se décomposent-elles, au lieu de se resserrer, en formant des étoiles nébuleuses? Je comprends la décomposition d'une partie des planètes pour former les anneaux cosmiques, tels que l'anneau de Saturne, grâce à la force centrifuge, que M. Richard utilise admirablement à cette explication, quoique nous pourrions faire, encore sur cela, bon nombre d'objections, mais est-ce que dans l'agglomération des grandes nébuleuses il y a une force centrifuge assez grande pour déterminer leur décomposition, avant qu'il y ait un resserrement assez fort pour accélérer leur vitesse? Evidemment, non; la théorie ou plutôt les lois qui expliquent la formation des anneaux cosmiques sont la plus forte et la plus logique objection qu'on puisse opposer à la décomposition des agglomérations nébuleuses en étoiles nébuleuses. Quand, pour expliquer une science quelconque, on se sert des vérités mathématiques et des lois physiques, et que, dans le courant de ces explications, on est contredit par ces mêmes vérités, il est absolument certain que ces théories sont fausses.

(5) On peut faire à cette hypothèse l'objection capitale que les nerfs sont mauvais conducteurs de l'électricité. Nous répondrons à cela que malgré les expériences de MM. Mattecci et du Boys-Reymond qui paraissent décisives, rien ne prouve que les nerfs soient mauvais conducteurs, et, s'ils sont de nul effet, dans les expériences qu'on a faites, alors que le nerf était séparé de l'animal, il n'en est peut-être pas de même lorsqu'il se trouve dans un milieu d'une chaleur convenable et sous l'action continuelle du mouvement du sang. La gymnote, et plusieurs autres animaux munis d'appareils électriques, ne sont-il pas, au contraire, une preuve vivante de l'action électrique dans les nerfs des animaux ? La gymnote qui fait partir sa décharge d'électricité, comme moyen de défense, à sa volonté, c'est-à-dire par l'effet d'une pensée, prouve que sa pensée, et par là tout son système nerveux, communique avec l'appareil électrique. Quand on fait une incision à un nerf faisant mouvoir un organe quelconque, et qu'on irrite les deux bouts de ce nerf coupé, il se produit deux faits différents ; l'irritation du bout qui communique avec le cervelet cause une douleur à l'animal, l'irritation du bout opposé n'est pas ressentie. Il est donc absolument certain que le nerf est un conducteur de l'impression. Si maintenant on serre l'organe de ce nerf avec une ficelle, de manière à empêcher la circulation du sang, et qu'on irrite de nouveau le nerf qui a occasionné une douleur, l'animal ne ressent plus rien; donc, la circulation du sang est indispensable à la sensation d'une impression reçue. Il en est de même toutes les fois que, par une position gênée, nous sentons dans le bras ou la jambe cette douleur qui ressemble au picotement d'une infinité d'aiguilles qui nous percent la peau, et que nous appelons la crampe; si dans ce moment on tire une pince à l'endroit *endormi* — c'est l'expression employée vulgairement — on ne la sent pas. Il faut donc nécessairement, pour faire percevoir une impression, trois choses : 1° la circulation du sang libre et en contact continuel avec le nerf impressionné; 2° la non interruption de ce nerf, à partir de l'endroit impres-

sionné au cervelet ; 3° une excitation quelconque sur un sens quelconque. Ainsi, que tous ces faits soient produits par l'électricité ou par un fluide autre que nous ignorons, du moment que le mécanisme est le même et que les phénomènes sont identiques, la parfaite authenticité n'est plus qu'une question de mot.

(6) M. de Jussieu parle encore de la Providence qui a eu la sagesse de faire venir les premières fleurs de couleur blanche, parce que, dit-il, le blanc est la couleur la plus imperméable et préserve ainsi mieux la fleur des effets nuisibles des rayonnements des nuits claires, et s'il y a quelques fleurs premières d'une autre couleur, comme la violette, la Providence a voulu qu'elles ne fussent pas relevées et préservées ainsi par les feuilles. La Providence de M. de Jussieu a été admirablement maladroite, tout en prenant une peine infinie à un inutile calcul; elle n'avait qu'à faire fleurir toutes les fleurs au mois de mai et faire arrêter régulièrement l'hiver au mois d'avril, il n'y aurait rien eu à craindre et toutes les récoltes s'en seraient mieux portées.

(7) Beaucoup de gens qui parlent du ciel ne se figurent pas que ce qu'ils comprennent par ce mot n'existe pas. Généralement, on entend par le mot ciel, une espèce de lieu surnaturel et délicieux qui serait comme un immense jardin flottant miraculeusement en l'air, c'est à dire dans l'espace. Ainsi, on ne se rend pas compte, quand on dit qu'après la mort on va au ciel, qu'il n'y a dans l'espace que des astres formés comme celui que nous habitons et roulant avec les mêmes tribulations, ou bien encore à l'état de formation et offrant ainsi moins de sécurité. Par conséquent, si on pouvait aller au ciel, comme on dit, il faut bien se convaincre que c'est dans un astre quelconque de l'univers qu'il faudrait aller se loger, ce qui fait que ce lieu peut être plus ou moins agréable que le nôtre. La manière qu'on a de lever les yeux en l'air pour implorer le ciel, manière que bien

de grands poëtes et de grands savants ont pratiquée sans comprendre toute la nullité qu'elle a, n'est qu'un préjugé ridicule qui tient de la superstition, d'abord parce que ce qu'on entend par le ciel n'existe pas, ensuite parce que ce ciel, ne pouvant être qu'un astre, peut tout aussi bien se trouver en bas comme en haut, comme par côté.

FIN DES NOTES

AIX, IMPRIMERIE PUST FILS, RUE GRAND-BOULEVARD, 5.

www.ingramcontent.com/pod-product-compliance
Lightning Source LLC
Chambersburg PA
CBHW070408090426
42733CB00009B/1578